Mamás
de la grande

Mamás
de teta grande

FERNANDA FAMILIAR

Mamás
de teta grande

Grijalbo

Mamás de teta grande

Primera edición en México, 2007
Primera edición para EE.UU., 2007

D. R. © 2007, Fernanda Familiar
D. R. © 2006, Grupo Charolet por la fotografía de portada

Derechos exclusivos de edición en español reservados
para todo el mundo:

D. R. © 2007, Random House Mondadori, S. A. de C. V.
   Av. Homero No. 544, Col. Chapultepec Morales,
   Del. Miguel Hidalgo, C. P. 11570, México, D. F.

www.randomhousemondadori.com.mx

Comentarios sobre la edición y contenido de este libro a:
literaria@randomhousemondadori.com.mx

Random House Mondadori México
       ISBN: 978-970-780-390-9
       ISBN: 970-780-390-8
Random House Inc.
       ISBN: 978-0-307-39169-8

Impreso en México / *Printed in Mexico*

Distributed by Random House, Inc.

Índice

Agradecimientos

Sin la ayuda de ustedes, su tiempo, su conocimiento, sus experiencias y sus ganas no habría podido construir estas páginas llenas de vida que hoy nos hacen mejores seres humanos. Gracias, gracias, gracias a...

Ariel Rosales

Daniel González

Maru Ramírez Gutiérrez

Gilda Moreno Manzur

Patricia Martínez Sosa

Érika Pedroza Luna

Fernando Becerra Rosas

Hebe di Filippo

Blanca Charolette

Ignacio Saralegui

Alejandro Carrillo Castro

Alexis Schreck

Ricardo Coler

Alberto Soto

Walter Riso

Javier Alatorre

Lolita Ayala

Sabina Berman

Paty Chapoy

Paul Walder

Fátima Fernández

Talina Fernández

Ángeles Mastretta

Cristina Saralegui

Martha Carrillo

Marco A. Echeverría G.

Ari Morales

Omalley San Martín

Roel Sánchez

A mi querido Germán Dehesa,
quien, aunque en desacuerdo con el título,
me regaló su tiempo, su cariño, su gripe y su amistad.

Dedicatoria

A mis hijos.

A mis padres.

A mi cómplice, que me ayudó a reconocerme
como una teta grande.

Prólogo

Teoría general del "pronto"

Para la correcta comprensión, amados lectores, de este brevísimo ensayo liminar que os conducirá a la gozosa lectura de los arrebatos intelectuales de Doña Fernanda Familiar, es necesario que establezcamos el preciso significado que el de la pluma le da al término "pronto".

Una familia mexicana corre peligro de volverse disfuncional si en su seno no aloja un "pronto". ¿Bendición o maldición?. Todavía no lo sé, pero tiendo a inclinarme por la segunda consideración. El "pronto" es la o el ofrecido oficial. No hay tarea que no esté dispuesto a hacer; si surge la necesidad de realizar un esfuerzo titánico, ahí está el "pronto". El repertorio de estos personajes es infinito: cambian llantas, cuidan niños, hacen el mandado, tejen carpetitas, fungen como choferes, cocinan, se ofrecen de niñeras, pintan fachadas, hacen labores de electricidad e impermeabilizan techos. Y no es que dominen todas estas ciencias, pero no olvidemos que los "prontos" son mexicanos y que se guían por preceptos como éstos: ¿qué tan difícil ha de ser?... No sé hacerlo, pero sobre la marcha aprendo... Echando a perder se aprende.

Como verán, un "pronto" necesita de audacia a toda prueba y requiere también poseer una autoestima similar a la que puede tener un zapato. Carentes de vida propia, viven agazapados en espera de "ser útiles" y, a falta de otro título más lustroso, aspiran a que los consideremos personas muy abnegadas. Esto de la abnegación –negarse a uno mismo– es una terrible arma de dos filos. Para que esta abnegación florezca es requisito previo e indispensable el apocamiento. Históricamente y hasta la fecha, México es un país de apocados. Ni los sanguinarios aztecas, ni los fanáticos virreyes, ni Don Porfirio, ni el PRI nos han enseñado a los ciudadanos comunes que tenemos derechos y que mantenemos a ese oneroso sirviente que es el gobierno. Eso no nos lo enseñaron; nos enseñaron que lo nuestro era obedecer y callar. Todo esto ha creado a una ciudadanía contrahecha, agachada, incapaz de alzar la voz y lista para la abnegación. Sin este paisaje histórico, no sería fácil entender el extraño asunto de la abnegación. Si ser abnegado es negarse a uno mismo, es decir, a tener vida propia, destino y cumplimiento individuales, yo no entiendo para qué demonios sirve un abnegado que vive en la permanente disposición de ser un "pronto". Éstos no son útiles para ellos y tampoco suelen serlo para los demás.

Imaginemos una situación: una familia mexicana común y corriente está durmiendo. En la alta noche, un alarido rasga la oscuridad: la madre (semi-abnegada como son ahora) acude al lugar de los gritos. Yvettita, la menor, está ardiendo en calentura y tose como dóberman. Será cosa de hablarle al doctor Rebollo que es tan mono. El susodicho mono se reporta, aunque en su corazón está mentando madres, se impone de la situación y receta Avelox, que es un antibiótico cañón que si no mata a Yvettita, le va a hacer mucho bien. También receta Guadalajaril, jarabe para la tos supersónica de la puberta. Cuelgan. La madre se tranquiliza y comenta: de veras que el doctor Rebollo es de los que ya no hay. Ahora hay que comprar las medicinas. El papá de Yvettita, quien fue despertado bruscamente, dice que él ni madres que sale con ese frío. Conato de llanto maternal. Si vas a llorar, vete con la mensa ésa (Yvettita) y a mí déjenme dormir ¡con un chirrión!. Mientras la señora piensa que jamás debió haberse casado con un hombre tan ordinario, comparece la tía Berenice ("la Bere"), que llegó a la casa hace diez años con la intención de pasar unos días con la familia. Sin que nadie se lo pida, nomás de "pronta", la tía Bere se ofrece a traer las medicinas. De veras que eres un ángel, Bere, dice la señora. Bere sonríe mientras se pone su chal; el señor sigue bufando. Y Bere galopa por las calles, encuentra la farmacia y regresa también con paso de marchista mexicano. Ahí están las medicinas: Antiflogestine y Antigripina Midy. Aquí comienza el verdadero drama. La señora está a punto de perder el control y empieza a subirle el tono a la Bere. Ésta gimotea e intenta explicar que el policía de la farmacia le dijo que eran los similares. El señor ¡por fin! se pone de pie y anuncia: le voy a partir su madre a esta vieja gorrona e inútil. Las damas lloran, el señor hace boxeo de sombra en calzones y sólo Yvettita es la que duerme plácidamente.

De esta anécdota podemos extraer muchas lecciones para la vida. Quizá la más importante sea ésta: lo más terrible de un "pronto" es que, aunque haga las cosas con las patas, hay que darle las gracias. Sus argumentos: yo lo hice nomás de ofrecida…yo lo que quería era ayudar…yo ¿qué me gano?…jamás vuelvo a andar de acomedida. Este último argumento es totalmente falso. Tan inexistente es su auto-estima ("yo no soy nadie") que siempre volverán a estar dispuestos a regalarnos su ser, su tiempo, su trabajo. Mi pregunta es: ¿para qué quiere uno todo eso?.

Voy terminando. Los prólogos largos son como malformaciones que le salen al texto. Te dejo con las palabras, los atisbos y las reflexiones de Fernanda Familiar. Aquí deposito mis palabras y mi abierta declaración de que este prólogo lo escribí nomás de "pronto".

Germán Dehesa
San Ángel, enero de 2007

Las mujeres son menos dichosas con la felicidad
que disfrutan, que con la que dan.

GIOVANNI BOCACCIO

1. Confesión…
soy Fernanda y soy mamá de teta grande

Soy Fernanda y soy mamá de teta grande… así, empiezo por aceptar que en muchas ocasiones me he descubierto intentando resolverle todo a muchos sin que me pidan ayuda. He llevado una vida interna con diversos tipos de aprendizaje, pero quizás el más revelador, el más difícil de entender, ha sido este aspecto de sentirme proveedora del mundo que me rodea. Estuve durante mucho tiempo al final de la lista de mis prioridades. ¡Ah!, pero que no se me atravesara alguien a quien yo le escuchara decir "Necesito…", porque me partía en mil pedazos para complacer y solucionar cuestiones que me resultaban complicadas. En el fondo buscaba el agradecimiento y el reconocimiento del otro y, lo que es más grave aún, me sentía querida por eso. Primero el otro, sus deseos, su bienestar, su felicidad, y luego yo.

Puede parecer muy fácil lo que estoy confesando. Sin embargo, lleva algún tiempo darte cuenta de dónde proviene este tipo de comportamiento. El dolor que ello me producía,

19

esa sensación de vacío, de sentir que no era lo suficientemente querida por mi pareja, de que nada llenaba mi interior, de sentirme perdida en la cotidianeidad llena de miedo, de reconocer que vivía mi vida a través de la mirada de los demás, entre otras razones, me impulsan a escribir este libro. Y, ¡oh sorpresa! Me doy cuenta de que no soy la única, de que el mundo rebosa de mamás de teta grande y que debemos hablar sobre este tema que casi cargamos como una gran losa generacional entre nosotras. Somos capaces de lo que sea por el otro, pero no por nuestro propio ser; nuestra lucha es por la vida del otro, pero no por la propia; primero allá y en último lugar acá, yo resuelvo, nunca me canso, siempre quiero, tengo tanto que hasta me sobra para dar, con mi ayuda saldrá adelante... *Mamás de teta grande* es el título que seleccioné porque somos mujeres que nutrimos y nutrimos y parece que es tan grande nuestro deseo de "dar a otros" que atraemos a gente que nos absorbe, nos resta, nos roba y todavía somos capaces de decir: "No hay límites, haré todo lo que esté en mí para sentir que me quiere".

La teta grande empezó a convertirse en un estilo de vida, en aquel representado por una mujer que es pareja, es mamá, es una profesional, es amiga, es hija, es, es, es para afuera y poco para adentro.

A lo largo de las siguientes páginas, con el fin de ser más clara y presentar la información de manera accesible, brindo casos y ejemplos de la vida real, de mujeres y otras personas reconocidas; presento el resultado de mi búsqueda de ayuda por parte de expertos en terapia y psicoanálisis, así como en historia. La idea es que podamos entender por qué se es así y analizar si es posible tomar rumbos distintos en la forma de relacionarnos y de recolocarnos en la vida.

Inicio esta gran aventura que nos hará identificarnos con su contenido a muchas mujeres en el mundo... porque para ser mamá de teta grande no importan la raza, el nivel socioeconómico y la religión; lo que sí es imprescindible es algo: pertenecer al sexo femenino.

A ver si nos parecemos en algunas reacciones...

Me encuentro con una amiga y se queja:

—Fer, fíjate que me duelen los pies, ya casi no puedo caminar, necesito arreglármelos.

—No te preocupes, yo tengo un podólogo, aquí está su número telefónico, háblale de mi parte, él te lo soluciona.

—Oye, Fer, quiero mandar unas flores muy bonitas a una amiga.

—No te apures, yo tengo una florista divina y ella te hace cualquier arreglo a tu gusto.

—Amiga, ya se acerca mi cumpleaños y no sé qué hacer.

—¡Ah!, yo organizo fiestas divinas; yo te la preparo, le hablo a los meseros, te consigo los bocadillos. Deja de preocuparte. Es más, hazla en mi casa.

—Oye, Fer, tengo problemas económicos…

—Nada de angustias, yo te presto cinco mil pesos, que es lo que tengo. No importa lo que quería hacer con ellos, tú estás primero.

¿Qué te parecen estos ejemplos? Con seguridad tú has vivido algo semejante o conoces a muchas mujeres que actúan así, que pretenden resolverle a todos lo que no les piden que les resuelvan.

Desde luego, es muy diferente que alguien se acerque a ti y te plantee:

—Tengo un problema, ¿me puedes echar la mano con esto y con lo otro?

Ahí sí se justifica que una intervenga en un asunto que de otro modo no sería de nuestra incumbencia.

Las mujeres retratadas en los ejemplos anteriores son a las que yo llamo mamás de teta grande. Si hasta aquí te has identificado conmigo, tú también lo eres (luego veremos en qué medida).

¡Bienvenida al club!

Hay diferentes tipos y niveles de mamás de teta grande.

Algunas son en extremo protectoras. No permiten que el otro se equivoque y, antes de que lo haga, empiezan a resolverle la vida. Es una postura compleja y terrible. Veamos el caso siguiente.

Él le dice a su pareja:

—Quiero abrir un negocio…

Ella, sin permitirle que termine de contarle cómo será dicho negocio y cómo funcionará, lo interrumpe y le "sugiere" por dónde tiene que arrancarlo, con cuánto dinero, a quién debe llamarle y le da una cátedra de cómo contratar al personal que trabajará con él.

En realidad, lo que ese hombre pretende es compartir una parte de su vida, de sus proyectos, y quizás incluso de sus miedos.

Pero ella, al reaccionar con este alarde de capacidad, de poder, de sobreprotección, lo que hace, en realidad, muy dentro de sí, es decirle:

—No, mi hijito, no te inquietes, todo va a estar bien. Yo te ayudo, yo te impulso, yo te doy lechita calientita; no te preocupes, aquí me tienes siempre para ti.

Hacia afuera se puede percibir ayuda e interés por parte de ella… ¡pero él nunca se los solicitó!

Estoy convencida de que las mujeres de este tipo generamos en el otro una incapacidad total de desarrollarse y, en lugar de ayudarle, lo que hacemos es controlarlo y manipularlo.

La sensación que creamos es de un gran vacío. Por supuesto, una puede alegar: "Oye, pero si yo ayudo y apoyo mucho". El caso es, ¿en verdad el otro quiere que lo apoyemos, quiere ser ayudado de esa forma? ¿O sólo desea ser escuchado?

Analicemos la situación siguiente.

El papá se lleva a nuestros hijos y, cuando uno de ellos se enferma, el señor resuelve la situación consiguiéndole un jarabe. Y nosotros siempre lo invalidamos: "¿Habrá sabido darle el jarabe correcto? ¿Sabe tomarle la temperatura o cambiarle el pañal tan bien como nosotras?".

Entonces, en vez de compartir con él la preocupación por el estado de salud de nuestro hijo, en vez de agradecerle que lo haya cuidado, andamos con la espada desenvainada, nos quejamos con amargura y le prometemos que nunca más los dejaremos solos con él porque no está preparado para hacerse cargo.

En este caso, al igual que en muchos otros, es fundamental que nos demos cuenta de que, al comportarnos de tal forma, le hacemos la vida imposible al otro. Provocamos que se sienta el ser más inseguro, le transmitimos que no puede con el "paquete"… y esto no es así. En realidad, lo que sucede es que *creemos* que no puede hacerlo tan bien como nosotras.

¡Mucho cuidado con transmitir este mensaje! porque a lo único que puede conducir es a una gran explosión temperamental de parte del otro o, de plano, a la ruptura.

Veamos otra situación ilustrativa.

Mientras estudiaba en la preparatoria y la universidad solían encargarnos realizar diversos trabajos en equipo. De inmediato, Fernanda —esto es, su servidora— saltaba y les aseguraba con alegría y cierto aire protector a los demás integrantes de su equipo:

—No se preocupen, yo leo el libro, preparo el trabajo y pongo el nombre de todos.

Grave, ¿verdad? Mi pretexto era que apoyaba a todo un grupo, pero, en el fondo de mi alma, sentía que nadie podía hacerlo mejor que yo.

Ahora soy presa de un auténtico terror al saber que este fantasma sigue aún rondando por ahí.

Conforme transcurre mi vida, me percato —no sé si te veas reflejada en esto— de que intento realizar todo lo que esté a la redonda y requiera llevarse a cabo. La razón es que aún, de manera inconsciente, pienso que nadie lo haría mejor que yo. Y eso, lejos de verse reflejado en una mano que de verdad extiendes, es una forma de controlar las diferentes áreas de tu vida.

Te presento una situación más de este tipo.

Algunas amigas dejan que otras mamás lleven a su hijo a una tienda y diez minutos después comienzan a llamar por teléfono para ver cómo está el niño, si no se le ha ofrecido algo, si no ha tosido o gritado. Con ello, en vez de mostrar preocupación por el hijo, demuestran el miedo que ellas mismas sienten al dejarlo.

Ahora bien, podríamos intercambiar un sinfín de historias acerca de nuestra manera de ejercer control y manipular a los demás, la cual manejamos con el título "Soy servicial y quiero ayudar a los demás".

Una de las confrontaciones más grandes que he vivido como ser humano surgió en una de las emisiones de *¡Qué tal, Fernanda!*, mi programa de radio. En esa ocasión el psicoanalista Fernando Figueroa me comentó que el altruismo es una forma de sometimiento y de control.

Yo le contesté:

—Pero, ¡¿cómo?! Entonces, ¿cuántas mujeres somos controladoras y tenemos este carácter manipulador?

—El que ayuda al otro —me explicó— lo hace porque sabe que el otro se vuelve dependiente del que ayuda. Es una forma de sometimiento y no de ayuda; no se trata de servilismo, sino de manipulación.

Establezco un comparativo.

En ciertos casos de secuestro, se despierta en la víctima el síndrome de Estocolmo, que la lleva a terminar por querer al secuestrador y no desearle mal alguno al ser liberada.

Esto se debe a que depende de él para sobrevivir y, puesto que lo logró gracias a su ayuda, se lo reconoce. Sin embargo, ha sido controlado y manipulado por él, no apoyado.

Me gustaría recapitular acerca de la vida de todas nosotras y considerar cuándo somos así, cuándo nos mostramos como esta teta grande de la que muchos pueden llegar a alimentarse, para después irse y dejarnos vacías, sin leche.

¿Por qué este vacío? Porque, si bien en apariencia estamos al servicio de los demás, lo que nos motiva —y ésta es ya una idea mucho más compleja sobre la que debemos reflexionar—, lo que añoramos, es recibir el agradecimiento del otro; necesito que me reconozca para así sentirme importante (¡auch!).

Es posible que muchas de mis lectoras no digieran este concepto con facilidad, pero podemos abordarlo con muchos ejemplos.

Una amiga tiene una pareja a quien se le muere el papá. Ella se convierte en el hombro perfecto para que él llore su pérdida.

Un buen día, mi amiga decide que va a pasar un fin de semana fuera de México. Le avisa a su pareja y él le dice:

—Está bien, mi vida, pero no olvides que el domingo es la misa de mi papá.

—Sí, yo estoy pendiente.

Mantienen comunicación el fin de semana: el susodicho ya no llora sobre su hombro, sino por teléfono. Mi amiga pasa un fin de semana fatal por la muerte del supuesto suegro. Llora y llora todos los días, es oreja para este hombre y él le recuerda que la misa del difunto es el domingo por la tarde. Ella regresa en carretera a toda velocidad con el ánimo de llegar y no fallarle. Todo con tal de ser esa teta grandota, de estar disponible a la hora que tú quieras, como tú quieras y donde tú quieras. Porque para eso estoy, para cuando tú pases momentos difíciles. ¿Y cuándo encuentro yo ese hombro al presentarse los míos?...

Pero, en fin, continúo con la historia.

Mi amiga arriba veloz a la ciudad para estar puntual en la misa, le llama a su pareja y le informa:

—Amorcito, ya estoy aquí para acompañarte en la misa, en estos momentos tan importantes.

—¡Ay! —le contesta—. Qué pena, olvidé decirte que cambiamos la hora. Fue hoy en la mañana.

Aquí queda de manifiesto la excesiva entrega de ella a un hombre, bajo circunstancias en las que no recibió lo mismo a cambio.

¿Qué sería eso mismo?

Es muy sencillo: si yo te invito a llorar en mi hombro, si estoy dispuesta a que llores al teléfono conmigo, es porque eres importante y quiero que te nutras de mí… Yo sé que puedo hacer que te sientas mejor, bla, bla, bla.

Ah, pero en lo que a ti respecta, no estoy en tu mente ni te intereso lo suficiente como para avisarme que la misa cambió de horario y no tenía por qué regresar tan aceleradamente para llegar a algo que ya había ocurrido.

¿Eres importante para quien te demuestra que no le haces falta? No. Aunque le quieras poner moñitos y justificarlo. Si eres importante, te toman en cuenta. Punto.

Así vemos cómo las mujeres somos educadas y vivimos para entregarnos al otro, para servirle al otro, para lograr el reconocimiento del otro. Un ama de casa *debe* saber cocinar bien; si no es así, no es una buena ama de casa, y a nadie le importa si sabe coser o tender bien las camas. Si no logra escuchar un "¡Qué buena te quedó la sopa!" llega a creer que ese día no cumplió con sus "obligaciones" de esposa y madre de familia.

En el trabajo dependen de mí nueve personas. En la revista, otras tantas, lo mismo que en mi casa. En un día normal por momentos me encuentro —y esto acaso te suceda a ti también— resolviéndole la vida a mis hijos, al chofer, a la nana y a la persona que me ayuda en la oficina.

Si agrego a mis demás familiares, entre ellos a la tía que ni siquiera conozco, pero que sí me llama por teléfono para pedirme ayuda cuando la necesita, ¿cómo es posible que logre afrontar con éxito tal situación?

Deseo que quede claro, apreciada lectora, que para ser una mamá de teta grande no hay que tener un puesto importante, ni es necesario que te hayas desarrollado en una vocación específica. Puedes exigirte serlo, puedes acostumbrarte a serlo, te dediques a lo que te dediques, sea cual sea tu historia. Los seres humanos nos desenvolvemos en cuatro ámbitos: el vocacional, el de la salud, el familiar y el social, y es esencial que guardemos el equilibrio entre ellos.

Sin embargo, con toda probabilidad entre las lectoras de este libro se encuentra la que suele ser "abogada" o "guía de turistas" de todos.

Ella se informa de cuáles son las mejores opciones para viajar y hace las reservaciones; consigue más elementos de cualquier tipo para aumentar la colección de alguien; pone en contacto a todos y organiza fiestas, pero nunca prepara la propia con el gusto debido; soluciona todos los problemas familiares y es el centro entre los hermanos que se pelean; dirime los pleitos entre mamá y papá; le soluciona la vida a los hijos, los hermanos y todos los demás. Es la bondadosa de la familia, la que siempre tiene una palabra de aliento: "¡Vamos! Yo te apoyo, yo te lo resuelvo, todo va a estar bien". Es la que toma las riendas del asunto frente a una enfermedad de alguien en la familia. Desbarata y construye en cuestión de segundos y no está abierta al reclamo o al apoyo de otros.

Lo mismo sucede en el aspecto de la salud. Cuando caen todos, a ella no le duele nada y siempre es capaz de resolver a qué médicos acudir, a quién consultar. Si de un fallecimiento se trata, se encarga de arreglar los servicios funerarios, de pagar las cuentas, de escoger el nicho… y luego llora.

Tú, ¿en dónde te encuentras?

El planteamiento del tema de la teta grande constituye una invitación a ubicar dónde estamos situadas, por qué y para qué vivimos una vida con este aparente servilismo (que en realidad no es otra cosa sino la obsesión de hacerte sentir que te cuido y te resuelvo los asuntos para que me quieras, porque si no, no hay otro aspecto mío que tú puedas querer).

Si para este momento unas cuantas mujeres se han identificado con lo que digo, quiero informarles que éste es un gran foco rojo en nuestra vida. Que, en efecto, somos mamás de teta grande, le damos a todos los que se acercan y nos rodean, *sin límites*.

Veamos una situación que ahora me parece interesante.

Gracias a mi trabajo y mi profesión, yo acostumbraba ayudar a un elevado número de gente.

Un día, tras realizar una gran campaña, conseguí muchos cobertores que fui a repartir entre los tarahumaras. Me prestaron un helicóptero para bajar ahí en la sierra, perdida en medio de la nada. Y es que yo me decía: "Hay que ayudar a estos hombres y mujeres; con temperaturas tan bajas pueden morir. Pero con mi cobertor y los cobertores de toda la gente que contribuyó eso ya no sucederá".

¿Cuál creen que fue la lección?

Cuando llegué con los tarahumaras y quería entregarles su cobertor me topaba con una sola palabra que salía de sus labios:

—*Córima*.

Cuando pregunté qué quería decir, me informaron que en rarámuri significa compartir; pero su mensaje era:

—Comparte conmigo la sudadera que traes puesta, porque yo soy digno. No me regales algo que te sobra y que proviene de alguien que no tiene rostro, como tus cobertores, ésos no me van a tapar, no me quitarán el frío porque soy digno.

Y ¿qué les cuento? Regresé con todos mis cobertores porque no estaba enterada del famoso *córima*.

Otra historia que ahora me parece increíble ocurrió en el sur del país. Conseguí cinco mil latas de atún para repartirlas a la gente de Chiapas. El gobernador puso a disposición un helicóptero y me dirigí encantada a repartirlas. Me bajaba en una zona de la selva que desde el aparato parecía un brócoli y llegábamos a comunidades en las que residían cincuenta o cien personas. Imagínense el susto para ellas que bajara aquel pájaro en donde iba Fernanda Familiar con sus latas de atún.

¿Saben cuál fue la lección? ¡Que volví con ellas! No quisieron recibirlas porque no tenían con qué abrirlas y les atemorizaba saber que las había trasladado ese artefacto…

Las situaciones anteriores tienen un fondo muy importante. En ellas aprendí que no hay que ayudar de manera masiva. Que eso es propio de una mamá de teta grande. Que la forma de ayudar no es regar leche por todo el mundo, o en algunas comunidades, o en grandes números. Si quieres ayudar a alguien, escoge a una sola persona y apóyala hasta el día de su muerte: si tiene que arreglarse los dientes, si necesita educación, si se enferma, proporciónale los medios para resolver su problema. Ésa es la manera de ayudar. Y si muere, entiérrala, con dignidad. (Estoy segura de que habrá gente que esté en desacuerdo conmigo, lo cual respeto.)

Al actuar de esta forma no nos entregamos al servilismo del que les he hablado y que las mujeres podemos aplicar en muchos ámbitos de nuestra vida. Ese servilismo que se apodera de nosotras en nuestra convivencia en pareja, en nuestro papel como madres y como mujeres que sólo trascienden por medio de sus hijos, y en nuestro desempeño como profesionales. Si bien nos desarrollamos en este aspecto, cuando llegamos al trabajo le llevamos el desayuno a los colegas y queremos invitar a nuestra casa a todos, aunque no nos caigan bien, y saludamos a todos, aunque no sepamos sus nombres.

¿Se dan cuenta de cómo ser una teta grande implica muchos aspectos de nuestra vida? ¡Muchísimos!

De ahí nuestra confusión con respecto a lo que en realidad nos hace crecer como personas, a lo que debemos tomar del mundo para que nos funcione, contra lo que nos desgasta, nos vacía y nos hace sentir más pobres en nuestro interior.

Una de las dificultades más grandes que he encontrado en mi vida de pareja es querer ser la solucionadora número uno de los problemas ¡de todo tipo!:

—¿Qué quieres, mi amor? Pídemelo y con mucho gusto te lo resuelvo. ¿Qué necesitas? ¿Una cita? Lo soluciono. ¿Que sea tu secretaria? Lo hago. ¿Que sea una buena cocinera? Lo soy. ¿Que te resuelva el asunto con tus hijos? Yo lo resuelvo. ¡Yo siempre puedo!

Tremendo, ¿no?

Un día me separé y quiero compartir con ustedes cuál fue mi experiencia la primera vez que él se iba de viaje por dos semanas con los niños. Muy dentro de mí pensé: "Le voy a hacer falta para algo, seguro me llama para pedírmelo o qué tal si quiere que le resuelva algo". La gran sorpresa fue que ¡no me necesitó en todo ese tiempo! No me llamó para preguntarme sobre un medicamento, para informarme que uno de nuestros hijos tenía fiebre o que había hecho un berrinche. ¿Por qué no me llamó? La respuesta es muy sencilla: porque él puede, siempre ha podido. Ése es el meollo del asunto. No soy necesaria para nadie más que para mí misma.

No se imaginan lo que sentí cuando me di cuenta de esto. No somos necesarias en la vida de nadie. Enfrentar tal descubrimiento es impactante. Y ojo, necesaria no soy, ¿pero qué tal si él me quiere por otros motivos?

Solemos pensar que el hombre nos ama por determinadas razones, pero no siempre es así. Creemos que somos incluso indispensables para él, pues le ayudamos en diversos aspectos. Espero sinceramente que lo que digo en este libro no caracterice en general a las mujeres, pero, de ser así, es cuestión de encararlo: en realidad, nadie nos necesita por nuestra belleza (siempre habrá una más guapa), ni por nuestra inteligencia (siempre habrá una más inteligente), ni por nuestra dependencia (siempre habrá una peor).

¿Qué le gusta en verdad al otro de mí? ¿Qué desea de mí? ¿Cómo quiere compartir realmente conmigo? ¿Qué ve que yo no veo?

Pienso que es fundamental que pasemos a grados de humildad de mayor profundidad, a una postura que implique mucho más que repartir cobertores, a sentirnos uno con los demás, a identificarnos con ellos, a ponernos en sus zapatos y no intentar ayudarlos desde un pedestal que nosotras mismas nos hemos creado y del cual, por supuesto, a veces no estamos conscientes.

Pero aquí lo que me propongo y te propongo es vernos desde otra trinchera. Debemos nutrirnos a nosotras antes que a alguien más.

Si tenemos la capacidad de analizarnos desde otra perspectiva, lograremos mucho más. En la actualidad vivimos en un mundo de grandes exigencias. Hoy, de diez hogares mexicanos, seis son mantenidos por mujeres, si no por completo al menos en un cincuenta por ciento. Eso demanda mucho de nosotras en nuestra vida cotidiana; entre otras cosas, resolver cuestiones día con día, asuntos para los que tal vez no se nos preparó.

Sin embargo, tampoco fuimos educadas para bajar los brazos y, en mi opinión, ése es el fundamento de la teta grande. La teta grande significa siempre tener los brazos arriba, siempre estar lista para proveer. ¿Qué importa si estamos cansadas, con dolor de cabeza, con cólico, con ganas o no? ¿Qué importa si el hombre es el correcto o el incorrecto? Lo que nos interesa es estar ahí para él o para quien sea, ¿ sin condiciones, sin límites, sin pensarlo?, incluso por encima de nuestra salud física y emocional.

Cucu Estévez, una amiga mía, me contó una historia que me pareció bastante conocida.

Había una princesa que vivía encerrada en la torre de un castillo. Desde ahí gozaba de un paisaje primoroso, con grandes y hermosos valles a la redonda.

Un día vio a lo lejos un caballo blanco montado por un hombre apuesto, guapo, fornido, ¡su príncipe! El caballero se acercó y "estacionó su vehículo" fuera del castillo.

Feliz, la princesa buscó las llaves para abrir las celdas e intentar bajar de la torre. En su camino se vio obligada a empezar a matar monstruos, esquivar brujas y conseguir otras llaves. En fin, dejó casi eliminados todos los obstáculos que encontró.

Llegó a donde se encontraba el caballero, lo tomó de la mano y le ofreció una espada.

—En tu camino a la torre —le dijo—, porque yo te voy a llevar a la torre de allá arriba, encontrarás algunos monstruos y una que otra bruja medio muerta. De una vez acábalos para que tú y yo podamos subir con libertad.

El caballero, sin entender en absoluto por qué lo hacía, acabó con tres entes que andaban por ahí medio vivos, subió a la torre y se sentó al lado de la princesa.

—¡Eres el hombre de mi vida! —exclamó ella—. Has matado a todos los monstruos, viniste a rescatarme, me salvaste. Me voy a casar contigo, *you're the one* (traducción: eres el "mero mero").

Si observan, hasta ese momento el caballero no había pronunciado una sola palabra. Tan sólo le dio la mano a la princesa, mató unos cuantos monstruos, se sentó y la escuchó.

Cuando la princesa terminó su entusiasta monólogo, él replicó.

—Mira, no quiero que te ofendas, pero la realidad es que ando perdido. Estuve muchos años encarcelado y busco el camino para llegar al castillo de *mi* princesa, quien me espera junto con mis hijos. Hace más de cinco años que no los veo. ¿Podrías regalarme por favor un vaso de agua? Vengo muy cansado y me queda un largo trecho por avanzar a caballo.

¡Aaah! Prefiero que cada una de ustedes le ponga fin a este cuento.

Cuando mi amiga me lo relató, me pregunté: "¿Cuántas veces has subido a la torre a hombres de los que ni siquiera conocías su nombre, quiénes eran ni qué querían?".

Decidiste decirles:

—Tú siéntate y yo te resuelvo la vida, no hay problema.

Pero sí hay problemas y muchos. El principal surge no sólo en lo que respecta a la pareja, sino también con nuestras amigas. Es muy posible, casi seguro, que ellos no piensen ni anhelen lo mismo. Sin embargo, nosotras forzamos situaciones por ser esa teta grandota que pretende resolverle la vida incluso a la vecina.

Este tema de las amigas me parece muy interesante y quisiera ahondar en él.

Yo, que siempre fui muy sociable, creía que todas las amigas eran buenas, que de todas recibiría algo similar a lo que yo les entregaba.

Pues bien, recuerdo que cuando era niña mi mamá me advertía:

—Fernanda, te entregas demasiado, no todas son iguales. Mira, esta amiga es de esta forma, ten cuidado.

—No, mamá —protestaba yo—, ¿cómo crees? Si yo les brindo a todas mi cariño, si son encantadoras.

La vida me enseñó cuánta razón tenía mi mamá. ¿Por qué? Porque algunas "amigas" no resultaron ser lo que yo creía, me demostraron ser muy diferentes de como yo las consideraba.

Una de ellas me robó, otra se quedó con mi novio, una más no cumplió sus promesas y me dejó plantada con un compromiso muy serio y, por último, una de ellas simplemente no pudo con mis lágrimas, sólo le gustaba divertirse conmigo.

Las experiencias que he descrito me llevaron a darme cuenta de que hay amigas para todo. Con algunas puedes ir al cine y conversar, con otras puedes intimar. Unas son ideales para viajar con ellas y otras, para entrar a tu casa. En cambio, ciertas amigas no son confiables y no son dignas de formar parte de tu círculo cercano.

En la medida en que aceptes este hecho, en que te percates de los riesgos que corres al entregar tu amistad a personas que no lo merecen, te irás quitando de encima cargas muy pesadas sobre tu espalda cuando los demás no dan lo mismo que tú.

Así, la carga es menos ya que dejarás de echarte a cuestas la responsabilidad de otros, algo que muchos, en particular las mujeres, las mamás de teta grande, tendemos a hacer.

Por otro lado, en este proceso de conocernos, de identificarnos como mamás de teta grande, tenemos que precisar en qué medida ansiamos ser aceptadas por nuestros hijos, quienes los tenemos.

El primer gran paso para ello es observar cómo somos en nuestro papel de madres. ¿Somos tercas, estrictas, accesibles o fáciles de manejar? ¿Dejamos a nuestros hijos en total libertad o les imponemos límites? ¿Tenemos ante ellos la imagen de ogros, de brujas o de tetas grandotas de las cuales pueden alimentarse hasta dejarnos vacías?

Si bien plantearnos estos cuestionamientos es una tarea difícil, nos sirve para estar conscientes de que aun para ellos debe haber límites en cuanto a lo que nosotras podemos dar o no.

Una de las imágenes más impresionantes en la actualidad es que muchos hijos ven a su madre como la *non plus ultra*, como la Mujer Maravilla. La que nunca falla. La que no se enferma. La que no sufre.

Recuerdo que una amiga mía encaraba problemas fuertes y serios en su matrimonio, pero solía ocultarlo ante su hijo.

Un día decidí preguntarle:

—¿Por qué no te veo llorar frente a tu hijo, por qué no te veo sufrir esto que estás sufriendo? ¿Por qué enfrentas sola como mujer la ruptura con tu pareja, pero no permites que tu hijo se entere de tu dolor? Él te ve sonreír y seguir como si nada pasara. Es como si estuvieras escondiendo las cosas debajo del tapete.

—Es que no puedo transmitirle esta angustia y este dolor a mi hijo. El problema es entre su papá y yo, y él no tiene que ver, no va a entender mis lágrimas ni lo que sucede.

—Amiga, me parece que estás equivocada. Él entiende más de lo que crees. El día que te acerques a tu hijo y le digas que eres vulnerable, que las separaciones duelen y a ti te duele perder a tu pareja (porque él no va a perder a su papá, pero tú sí a tu marido); el día que te vea débil, lo pondrás en contacto con sus emociones y conocerá la importancia de desahogarse, de llorar. Si él no se entera de que mamá también sufre y también se cae, puede pensar que eres un ser completamente insensible y seguir ese modelo. Entonces, incluso ante las tragedias más grandes no derramará una lágrima. Habrá aprendido a decir: "Todo está bien, sigamos adelante". ¿Eso es lo que quieres para tu hijo? Estoy segura de que no quieres ser como aquellas mamás que se esfuerzan por pretender que no pasa nada.

Este ejemplo es bastante común. Como es natural, todas queremos proteger a nuestros hijos, darles lo mejor, asegurarnos de que alcancen el equilibrio intelectual, racional y emocional Esto no será posible si no les concedemos la posibilidad de enfrentar las emociones que hoy en muchas situaciones están a flor de piel.

Si nosotras, por esta multimencionada faceta de la teta grandota, queremos dar la impresión de que en nuestro mundo no pasa nada, acabaremos por frustrar a nuestros hijos cuando enfrenten la realidad. Y es que algún día la leche se va a acabar, ¿o no? Por tanto, mostrarles que no somos proveedoras de todo, ciento por ciento, es una forma de acercarlos al mundo de los demás, al mundo en el que deberán desenvolverse, ya sin nuestro amparo.

Ahora bien, en lo que se refiere a los hombres de nuestra época, si los escucháramos quejarse de nosotras, aprenderíamos mucho:

—No puedo adentrarme en el mundo de ellas.

—No entiendo por qué ahora que trabajan y son tan productivas y tan autónomas no puedo penetrar en su mundo.

—Parece que yo, el hombre, no sirvo para nada y que ya no me necesita.

Desde mi punto de vista, los hacemos sentir que somos capaces de todo y eso no les gusta. Más bien, prefieren que nos despojemos del overol y nos pongamos la falda; que seamos femeninas y no feministas al borde de un ataque de nervios. Que no lleguemos al extremo de querer solucionar-les la vida:

—No, mi amor, tú sólo siéntate y ponte pa' la foto.

Quizás algunas lectoras me rebatan...

—Fernanda, ése no es mi caso. Por el contrario, yo vivo entregada a mis hijos y no trabajo, o carezco de una profe-sión. Estoy aburrida, no tengo una vida plena.

Yo les contestaría:

—Valdría la pena que investigues en qué aspectos eres una teta enorme para el resto del universo, pero no te provees de esa leche que tú también necesitas.

Como ya mencioné, esto de la mamá de teta grande es una analogía, una metáfora, una manera chistosa de nombrar a la personalidad que anida en nuestro interior y nos orilla a hacer lo que sea para lograr la aceptación y el amor del otro. Además, nos impulsa a ver en el hombre con quien nos topemos monerías que no tiene, a adornarlo para ubi-carlo en un sitio que no le corresponde y poder justificar nuestra actitud de servilismo hacia él. En pocas palabras, a creer que es lo que no es.

En una entrevista con Ricardo Arjona él me comentó:

—Fernanda, compuse una canción sobre eso. En ella digo que ojalá yo fuera el hombre que tú crees que soy, el que se "liga" a todas, el que se acuesta con las veinte que tú crees que me acuesto, el que trabaja en forma ardua mientras tú piensas que está de reventón; ojalá yo fuera el hombre que tú crees que soy, pero no soy ése, soy mucho más gordo, mucho más sensible y mucho más básico que el que tú crees que soy.

Las mujeres de este tipo disponemos de dos caminos. El primero es tomar conciencia de que lo somos y trabajar con deliberación para frenarnos en ciertos aspectos de la vida, con miras a dejar de serlo y permitir que el otro sea. El otro camino es exclamar: "¡No me importa!, yo soy una mamá de teta grande, así soy feliz y qué. Me gusta dar leche, estoy acostumbrada y nadie tiene derecho a oponerse. No me interesa ni quiero cambiar y ¡quítense que ahí les voy!".

Pues bien, los dos caminos son válidos. El que a mí, a esta edad, me sirve es dar un paso atrás y preguntarme: "Vamos a ver, ¿quién quiere llegar a alimentarse, quién quiere chupar y cuánto de mí, y qué consecuencias tendrá en mi vida el hecho de que yo lo acepte?".

Tal vez comportarse así puede resultar muy analítico y racional. Podría decirme: "Ay, Fernanda, estás pensando en que dos más dos son cuatro, cuando lo que uno tiene que hacer es entregarse". Bajo ciertas circunstancias, estoy de acuerdo con quien piense de esta manera. Pero también creo que, a medida que mi péndulo no oscile tan de izquierda a derecha, y siempre de izquierda a derecha, sino que logre centrarse, me sentiré más equilibrada. En efecto, como teta grande, mi péndulo emocional siempre se ha inclinado mucho de izquierda a derecha, lo que ha provocado que pierda el equilibrio. Por eso soy demasiado solucionadora, apapachadora, proveedora. O bien, me voy al otro extremo, en el cual me resguardo, no me relaciono, no doy nada y me encierro en mí misma. Sin duda, lo ideal es lograr ubicarse en el centro y mantenerse ahí.

Hace algunos años tomé terapia con un psicoanalista argentino llamado Ricardo. Uno de los jueves en que fui a verlo me dijo que trabajaría un ejercicio orientado a verme siempre desde mi centro y no juzgarme tanto. A continuación lo comparto, dado que me ha resultado útil en este sentido.

Invito a mis lectoras a imaginar que hacen lo mismo que yo. Fernanda Familiar está sentada en una butaca en un gran foro y tiene frente a ella un escenario, igual al que ustedes encaran todos los días. Fernanda sube a ese escenario para ser mamá, pareja, profesional de la comunicación, enfermera, chofer, empleada doméstica, hija, amiga… pónganle el título que quieran. El péndulo dejará de ir tanto de izquierda a derecha conforme la que está sentada en la butaca observe a la que sube al escenario.

Por ejemplo, Fernanda Familiar desde la butaca ve que Fernanda, la mamá de teta grande, se ubica en el escenario junto con su pareja y, una vez más, se dedica, todas las horas del día, a facilitarle hasta el más mínimo detalle de su vida.

Mientras tanto, desde la butaca, Fernanda Familiar la observa, aunque —que quede bien claro el propósito de este ejercicio— no la juzga.

Más bien, se muestra más benévola con ella, la acepta y le advierte:

—Fernanda, de nuevo te comportas como una mamá de teta grande, déjalo en paz. Libéralo de modo que él resuelva su historia. ¿Para qué te metes en lo que no te importa? Él puede sin ti, por supuesto que sí. Tú no necesitas ese tipo de reconocimiento.

Entonces, esa mamá de teta grande subirá al escenario con menos intensidad porque su contraparte en la butaca le ha informado cómo actúa y le ha aconsejado que no se conduzca de esa forma.

Piensen en el impacto que este ejercicio puede causar en la mamá que es profundamente posesiva con la vida de sus hijos, que los tiene en una jaula de oro, que al resolverles el abc de la vida no los deja respirar ni enfermarse ni asistir a la escuela porque pueden contagiarse… ¡uf!

Cuando este tipo de madre sube al escenario, la que está sentada en la butaca la instará:

—Déjalos ir a la fiesta, no te pongas tan necia. Si les da catarro, pues se pondrán mal, pero tú los cuidarás. Y cuando crezcan se fortalecerán y su sistema inmunológico mejorará. Suéltalos un poco, les hará bien, lo mismo que a ti.

Si bien al principio estas sugerencias le parecerán por completo fuera de toda proporción a ese tipo de mamá, poco a poco podrá asimilarlas e integrarlas a su estilo de vida.

A medida que nos exijamos menos, encontraremos que valemos por cosas mucho más sencillas que las implicadas en toda la producción que montamos a nuestro alrededor, que toda la parafernalia y la forma en la que nos vendemos hacia afuera. Entonces, ¿por qué no ser un poco más sensibles hacia lo que somos y hacia lo que queremos ser?

Este punto es fundamental. Analicemos un caso.

Una mujer pasada de peso no se siente a gusto con ella misma. Si acostumbra ser una mamá de teta grande en ciertos aspectos de su vida y con ciertas personas, ¿por qué no invierte en sí misma el tiempo que invierte en los otros para lograr el peso que quiere?

¿Por qué esa mamá aburrida en casa, que nutre al resto del mundo, no destina algunas horas —ahora que los hijos ya se fueron, ahora que el marido no le hace caso y hay un abismo entre ellos— a su propio ser, a la recuperación de su esencia?

Si lo hace, no sólo se sentirá mejor porque por primera vez en su vida se ocupa de su persona, sino que proyectará una imagen más positiva y menos impositiva a los demás, en especial a sus seres queridos. Ello redundará en grandes beneficios.

El mensaje es que, desde luego, todas tenemos leche, y qué bueno. Pero, ¿cómo la dosificaremos? ¿A quién se la daremos? ¿En quién la estamos desperdiciando? ¿A quién hemos optado por ponerle moñitos y zapatitos como adorno, para así proveerlo hasta el infinito con nuestra leche, sin que la persona en cuestión crezca ni se interese ni se mueva, en tanto que nosotras nos vaciamos?

El ejercicio de mayor importancia para nosotras consistiría en cambiar un poco la educación que recibimos y que les transmitimos a nuestros hijos, si los tenemos. Para ello es necesario preguntarnos: ¿cómo puedo desarrollar una imagen que proyecte satisfacción, logro, amor, reconocimiento hacia mí misma? ¿Cómo puedo conseguirlo con palabras, con hechos, con sensaciones dirigidas a mi ser, sin esperar que el otro me suelte alguna de las frases siguientes, que tanto ansiamos escuchar y nunca llegan?

—¡Ah! ¡Qué buena mamá eres!

—¡Qué bueno que me echaste la mano en tal o cual cosa!

—¡Qué bien te portaste con mis amigos cuando vinieron a cenar! ¡Qué rica cena preparaste!

—¡Qué chingona eres en el trabajo y qué buena onda que aportas la mitad de tu dinero!

—¡Qué fantástico que te levantes temprano aunque tengas cólico y, aunque no quieras ir a trabajar, ahí estás, con muchas ganas!

—De veras que vales oro.

—¡Qué guapa te ves hoy en la mañana!

—¿Cómo le haces para arreglarte si ni siquiera tienes tiempo para ir al baño o lavarte los dientes?

—¿Cómo logras que tu pelo se vea tan bonito? ¿A qué hora encuentras tiempo para ir al salón de belleza?

—Mi amor, ¡qué bien van nuestros hijos en la escuela! ¿Será porque tú pones tanto empeño en ellos?

Y es que muchas de nosotras nos desvivimos por escucharlas, porque nos regalen una de cuando en cuando, porque nos hagan sentir que el esfuerzo valió la pena.

No hay razón por la que debamos aguardar, por ejemplo, a que el jefe, que se encarga de entregarnos nuestro cheque mensual, nos comunique:

—Nos fue muy bien este mes. Claro, usted se ha quedado a trabajar hasta muy tarde y seguro no come a sus horas ni duerme como es debido, pero, ¡caray!, ¡qué bien va la empresa gracias a usted! Le voy a dar un aumentito de sueldo...

Pero, no, ni hablar, eso no sucede en la vida real. En este mundo lo que se presenta es un terrible desgaste y muy poco reconocimiento. De hecho, esperamos que el otro nos reconozca lo que nosotras mismas debemos pero no podemos reconocernos. ¿Por qué? Porque no nos damos la leche que necesitamos, nuestra teta está a disposición de los demás y —voy a decir una vulgaridad— como no la alcanzamos, no nos amamantamos.

Confío en que el contenido de este capítulo te llevará a reflexionar en lo que implica ser mujer, sea cual sea tu edad, el lugar donde vivas, lo que tengas o aquello de lo que carezcas, o el país en el que hayas nacido. Creo que a muchas mujeres en el planeta nos une lo que aquí hemos analizado: esta sensación de vaciedad, sin importar la cantidad de cosas que hagas, a quién le des y cuánto le des.

Y, sin duda, la cuestión no radica en el otro, en ese hombre de quien nos divorciamos o separamos, en el que está y duerme al lado de nosotras, en el que vive al lado o en el que vamos a conocer; no radica en nuestros hijos, familiares o amigos; tampoco en nuestro ámbito profesional. Más bien, reside en nuestro interior y es un arte encontrar el justo medio.

El tema es dosificar estas tetas grandes, aunque no lo sean demasiado, aunque incluso sean pequeñas. En este libro no hablamos de su tamaño, sino del tamaño del espejo en el que nos vemos y de la manera como nos vemos.

Si pensamos bien en ello nos percataremos de que el de enfrente puede seguir su camino, puede alcanzar el éxito, puede sobrevivir sin nosotras. ¡Qué maravilla tomar conciencia de ello! Así no entraremos en estos niveles de desgaste y le daremos la oportunidad al otro —llámese pareja, amigo, esposo, amante, hijo— de ser, de compartir con nosotras.

Sobre esta profunda reflexión hablaremos a lo largo de todo este libro que decidí titular *Mamás de teta grande*. Te pregunto, tú, ¿eres una de ellas? Si consideras que sí, sigue leyendo, quédate conmigo y acompáñame en las páginas siguientes. Algo más aprenderás. Si hasta ahora te he atrapado en una reflexión, si te sientes partícipe de esta historia, ya somos dos... y continúa. Si no, cierra el libro y regálaselo a alguien que creas que es una mamá de teta grande.

Autoanálisis

Hace tiempo mi querido amigo Javier Alatorre me hizo una entrevista en la que descubrí muchas incongruencias en mis respuestas. Él, sin saberlo, despertó en mí inquietudes al plantearme cuestionamientos que nadie me había formulado en público. Una puede llegar a responder de manera incompleta cuando se trata de abrir tu corazón a gente que no conoces. Incluyo parte de esta conversación para que podamos analizarla juntas. Por medio de ella me doy cuenta de la verdadera situación de carencia emocional que estoy viviendo, no así en el aspecto laboral y como mamá.

Ojalá que este ejercicio de escucharte en verdad cuando conversas o comentas tal o cual aspecto te ayude a que te tomes conciencia de lo que proyectas en muchos momentos y que no necesariamente coincide con tu interior. Este diálogo con mi amigo muestra la etapa de incongruencias por la que atravesaba en ese momento.

—Te confieso, Javier, que me gusta que me consientan, me han dado buenos regalitos y me he dejado, eso es importante, porque luego no te dejas.

—A ver, Fernanda Familiar, tú que acostumbras llevar las riendas en la mano, ¿cuándo las dejas en manos de tu pareja?

—Las cedo en determinados momentos. Por ejemplo, yo no llevo las riendas en la cama, la cocina o la sala, es decir, en la vida social. Las llevo en mi oficina, donde once personas dependen de mí. Las llevo en la revista, donde también dependen de tal o cual proyecto. Las llevo en mi actividad profesional. Las llevo en ocasiones en la relación con mis amigos. Pero de ninguna forma las llevo en la cama. En el amor, sí, tristemente a veces las he llevado porque se me ha permitido, porque a algunos hombres eso es lo que les gusta y, por tanto, no se quejaron de que yo asumiera el mando. [¿Se fijan en la primera incongruencia?... ¿Las llevo o no las llevo? Continuamos.]

—¿Qué me dices de la percepción, del concepto de la familia tradicional, la familia ideal (papá, mamá, niños, prisas en la mañana, domingo en familia)?

—Ése es un deseo que nunca he podido cumplir, creo que no he tenido la capacidad.

—¿Es cosa tuya?

—No sé si pueda achacárseme a mí o a cómo me ve el de enfrente. He intentado poner todos los ingredientes para que al final cuaje ese sueño, pero no ha sido así. Es algo que no se ha concretado en mi vida, a pesar de que ha sido un anhelo constante. Yo no soy una mujer para estar sola, sin pareja, sin la conformación de esta imagen de la vida en familia. A mí no me gusta estar sin pareja, todo lo contrario; disfruto cuando amo a alguien y ese alguien me hace sentir amada. [El no lograr determinados deseos te puede llevar a situaciones de frustración y mucha ansiedad. Quiero, quiero, pero no se cumple… Hago todo para lograrlo. ¿Y el otro piensa igual? Ahí está el asunto. Seguimos con la plática…]

—¿Crees que tus veinte años de carrera profesional exitosa son un factor para no lograr el tipo de vida idealizado del que hablamos?

—Desde luego que sí.

—¿Y esos veinte años de éxito justifican el sacrificio?

—Han valido la pena, eso es muy cierto, pero también quiero ver para adelante, hay un punto a partir del cual me he planteado reestructurar toda mi perspectiva. No sé si quiero verme como una viejita de setenta u ochenta años, mucho menos sola. [Deposito en otro lo que puedo lograr para mí… ¿Qué tiene de malo ser una viejita de ochenta años sola, pero plena de sí misma, acompañada de ella?]

—Esta pregunta es para los seres humanos en general. ¿Cómo conciliar lo que se construye en el aspecto profesional con los intereses de la pareja, de la familia? Por ejemplo, tú quieres continuar avanzando en los medios de comunicación, pero también anhelas gozar a tu familia, quieres al padre de tus hijos, deseas una vida propia de esta familia tradicional.

—Sí, pero alguno de los ingredientes de mi flan no cuaja, por supuesto que quiero esto que describes.

—¿No sería muy injusto atribuirle al éxito profesional que sea el ingrediente que te eche a perder el flan? Porque hacia allá lo estamos enfocando.

—Yo creo que no han visto en mí la capacidad que puedo tener de ser dos mujeres en una: la profesional y la "normal", o sea, la del overol y la de la falda. [Más bien diría, bajo la perspectiva de la teta grande, que soy una misma y que debo compartir lo que soy y no ponerme títulos para dejar de ser alguna de las dos.]

—Profesionalmente, ¿hubo oportunidades en tu caso? ¿Cuál es tu opinión de la gente que aduce que está a la espera de que le den una?

—No, las oportunidades debemos buscarlas. A mí no me las ofrecieron en bandeja de plata, qué va, yo las busqué. Por supuesto, me topé con gente que me animó: "Puedes funcionar en esto, puedes funcionar en todo". Hay una lista enorme de personas a las que podría agradecer. [Me pregunto ahora... ¿hay que estar en equilibrio y en paz para buscar esas oportunidades, incluso en el amor? Sin angustia, sin vaciarme con tal de lograrlo. Quizás el proceso sería más sano, ¿no crees?]

—Pero, en realidad, contigo nunca funcionó eso de que "es recomendada de fulanito de tal".

—No. Tengo amigos o gente en el medio que decía: "Oye, tal vez valdría la pena que Fernanda entrara a Los Protagonistas en TV Azteca porque puede hacerlo", pero de ahí a que por eso se me concediera, de ninguna manera.

—La cuestión de género, la cuestión de desenvolverte en este oficio siendo mujer, ¿ha sido complicado, difícil? ¿Han querido encasillarte en algún rol por serlo?

—Nunca me he sentido menos o más que la competencia. Tampoco me ha amedrentado el hecho de ser mujer.

—¿Has sentido que le han dado la oportunidad y un papel o alguna concesión a un hombre y no a ti sólo por el género?

—Nunca.

—¿Te han acosado sexualmente?

—Sí, alguna vez me dijeron que si quería un noticiario en cierta empresa, pues tenía que ponerme guapa para el fin de semana. Mi respuesta fue: "Qué lástima me das porque no estás entre los hombres con quienes quiero acostarme. Si así fuera, aceptaba feliz". [Me pregunto ¿por qué profesionalmente si somos exitosas eso tiene que ver con una cuestión sexual? Volvemos al darle al otro y no darse a sí misma.]

—Ser guapa ¿ayuda, es una herramienta?

—Una buena presencia ayuda, pero no es el factor esencial. Creo que en esto todo te ayuda. Por ejemplo, lo que a mí me ha servido mucho es la buena memoria. Tener memoria, ser agradecida, es muy útil. También he podido crecer al saber vincularme con la gente en todos los aspectos. [Recuerdo a alguien que le decía a su nieta: "No comas esas cochinadas, niña, recuerda que la belleza es poder"… Yo todavía no he encontrado esa herramienta en mí.]

—Uno aprende a desarrollar habilidades y a valerse con las armas de que dispone (en el buen sentido de la palabra) para obtener lo que desea.

—Es algo muy interesante, Javier, pero en mi caso no es lo físico, quizá la palabra. Me es fácil decir lo que siento, que a veces puede ser poco agradable, o llamar la atención a una persona en el trabajo de una manera que no sólo no le moleste ni se ofenda, sino que acabe sonriendo, como si le hubiera hecho una broma.

—Eso se llama seducción. ¿Sabes seducir?

—¡La seducción es un arma muy fuerte!

—¿La has usado?

—Por supuesto.

—En las historias siempre hay claroscuros… ¿Cuál ha sido tu parte oscura? ¿Cabe en ti la palabra *fracaso*?

—¿En veinte años? No siento que he tenido fracasos, todas las circunstancias las he tomado como oportunidades. Desde luego, en el aspecto emocional sí los ha habido, pero en mi vida profesional, nunca. La percibo como una escalera ascendente que me ha conducido a muchas puertas tras las cuales ha habido diversas oportunidades. Y, como es de esperarse, algunas no las he podido abrir o aprovechar del todo.

—Puede ser que no las hayas visto porque estás en otra o tal vez eliges renunciar a una, pero no a otra.

—En efecto, una tiene opciones y cuáles escoges depende del momento, de lo que piensas que es más conveniente para ti. En definitiva, no siento que haya fracasado en mi vida laboral.

—¿Y en la personal?

—Como te dije, en la amorosa, sí. Un divorcio es un fracaso, y con hijos me parece que es más impactante, pero aun así, hay que afrontarlo. No sé en qué he fallado. [Me detengo aquí. ¡Fallado! A pesar de entregar todo y vaciarme... es que en eso es en lo que he *fallado*. Continúo.]

—¿Qué se hace con los fracasos: se visitan, se guardan, se van?

—Se lloran, Javier. Por lo menos, yo los he llorado mucho.

—Dejémonos de cosas tristes y vamos a las victorias. En la parte profesional, ¿cuál ha sido tu éxito más satisfactorio?

—Yo no creo en el éxito como una meta, algo que si ya lo cumplí, representa una victoria. Para mí, el éxito es el equilibrio, es procurar mantener día con día el balance entre todas tus áreas: la de la salud, la emocional, la vocacional, la social, la mental, la sentimental.

—¿Piensas en ti como una mujer exitosa?

—No tengo por qué ocultarlo. La constancia me ha redituado grandes satisfacciones, logros y éxitos.

—Es curioso, el otro día hablé de la necesidad de contemplar al éxito como un valor porque siempre tendemos a no prestarle la debida importancia a esa palabra y a lo que implica.

—Tienes razón, para muchos es muy difícil afrontarlo, parece avergonzarles alcanzarlo. [¿Se dan cuenta de cómo en el aspecto profesional hay mucha seguridad, pero en lo emocional, en el tema de pareja, no hay tal? Parece que el trabajo ha sido un refugio para mis carencias.]

—En general, somos muy pudorosos con el éxito, ¿verdad?

—Pero creo que eso sucede en México, no en muchas otras partes del mundo.

—Tú, ¿con respecto a qué eres pudorosa?

—En realidad, hoy ya con pocas cosas. Si me dicen: "Qué bien te ves", contesto: "Gracias"; "Eres exitosa": "Muchas gracias"; "Escucho tu programa": "Qué buen gusto tienes". Estoy convencida de que hay un punto en el que tienes que darle valor a tu trabajo y al esfuerzo que inviertes para triunfar. [Reflexiono que en este aspecto de mi vida hay congruencia y me costó mucho trabajarla.]

—Veinte años en televisión, en la radio, como escritora. ¿Qué te falta?

—Me falta actuar. Bueno, participé en *Monólogos de la vagina*, pero creo que me falta una telenovela, no sé, algo así como *María de algo*. He actuado muchísimas veces, pero no en televisión, es muy diferente. Viví una racha en la que me reí mucho de mí misma, porque a dos o tres galanes que tenía a la redonda los mandé a volar recurriendo al mismo guión, a la misma lágrima y al mismo final de telenovela.

—¿Bajo qué otras circunstancias actúas?

—Tal vez todos los días. Por ejemplo, actuamos cuando fingimos un orgasmo, ¿no es así?

—Supongo que sí. Por supuesto, hay que ponerle unos cuantos actos y dramatismo a la cama, ¿por qué no?

—Agradezco haberme dado cuenta de ello. Pero, Javier, eso es importante. Yo agradezco que llegué a fingir y eso sólo me afecta a mí... Las consecuencias de hacerlo son para tu corazón. Ése es un aspecto en el que he crecido mucho. Ya no me permito ese tipo de falsedades. De hecho, voy a escribir un libro que se llama *El tamaño sí importa*, y me refiero al tamaño de tu creatividad, de tu empeño, de tus ganas. No hay como estar bien con tu pareja en lo sexual. Lo contrario te lleva a desgastes muy profundos.

—¿Te atreverías a decirle a tu pareja algo como: "Vístete de bombero"?

—Si se trata de una fantasía importante para mí, sí. Y si lo es para él, también… Mientras no me ofenda o me sienta incómoda.

—Si tu pareja te dijera: "Fer, vístete de enfermera, sal de la habitación y toca a la puerta fingiendo que vienes a atenderme", ¿lo harías?

—Desde luego.

—Eso en sí es actuación, pero después, ¿qué sucede, el orgasmo actuado?

—El orgasmo, como la tierra, es de quien lo trabaja, mi querido Javier.

—Es cierto.

—Yo no tuve muy buena vida sexual —y esto es una parte de gran importancia en mi vida como mujer— sino hasta hace muy poco, cuando la marca Pfizer me contrató para dar conferencias por todo mi país junto con la sexóloga Adriana López. Aprendí mucho, lo que no te imaginas. Escuché a mujeres con casos muy tristes, fueron más de veinticinco encuentros que me abrieron los ojos de manera brutal. Todo aquello que escuché y aprendí, lo asumí y, después, finalmente, logré entender que se crece en pareja, que no se trata sólo de un trabajo individual, que las personas son como dos tableros que luego se convierten en uno. Yo decidí que no quería verme como esas mujeres de cuarenta o cincuenta años de edad que nunca en su vida han sentido placer sexual o una emoción distinta de las rutinarias. Diría que en ese aprendizaje sí he sido buena. No puedo permitirme vivir ni por un instante lo que he escuchado sobre ese tema. Las conferencias de Adriana López me enseñaron mucho. Entonces empecé a quererme en ese aspecto, a informarme sobre la cantidad de problemas sexuales que existen en México, relacionados con la anorgasmia, la dispareunia, la eyaculación precoz, en fin....

—¿Hay memorias en lo que respecta a las otras parejas?

—Siempre hay memorias agradables de alguien con quien compartiste tu vida. Pero también las hay negativas, o sea, siempre encuentras a personas que te lastiman o con quienes no vives algo placentero, y eso también permanece en tu mente. Estos recuerdos son esenciales en la vida. El recordar y no repetir ciertas cosas nos hace crecer.

—Pasemos a otro punto. En tu vida profesional, ¿qué amas más?: la televisión, la radio, la prensa escrita, ¿cuál de las tres?

—La radio. La radio es mi santuario. Los otros medios son mis amantes, pero la radio es mi marido. Es mi centro, la línea conductora de donde se ha desprendido todo en mi vida. No he cesado de hacer radio en veinte años. Si sumo la cantidad de tiempo que no he estado al aire en radio, el total es de seis meses en veinte años. El resto del tiempo he conducido mis programas y mantenido contacto con mi público. [¡Qué tremendo! Me descubro diciendo que la radio es mi marido cuando yo lucho internamente por el de carne y hueso. Incongruente, ¿no?]

—¿Y en los siguientes veinte años?

—Ahí está el conflicto, mi querido Javier. Tanto en los aspectos profesional como personal, quizás es válido imaginar que así continuaré. Pero es mejor dejar que la vida te construya y te dé sorpresas que hacer un plan de vida: "De aquí a veinte años voy a ser así y así". En mi caso, yo sé qué quiero lograr en los próximos cinco años, pero no en veinte, tengo clara mi meta profesional a cinco años. De hecho, en general mis contratos los firmo para los próximos cinco o diez años, no más que eso.

—¿Hablas de tu vida profesional exclusivamente?

—Sí, porque en la emocional me siento mal. Estoy viviendo un duelo muy fuerte… siento incertidumbre y mucha inseguridad.

—A todas éstas, Fernanda, ¿eres feliz?

—En mi opinión, la felicidad es un estado mental y, como todos, yo la gozo en ciertas ocasiones y en otras no. A veces logro tener ese estado mental y a veces no. Llego a sentir que pierdo la capacidad de recordar y realizo el ejercicio mental de darme cuenta de que sí la tengo. Pero, de súbito, mi mente juega conmigo y me hace evocar aquello de lo que carezco. Es como un estira y afloje.

—No puedo visualizar a una Fernanda Familiar fuera de los medios de comunicación.

—Quizá por amor, por nuevas oportunidades, por una familia… no lo sé. [¡Zas! Como la canción de Chayanne: "Lo dejaría todo porque te quedaras…! ¡Muy grave!]

Esta charla, más allá de tus comentarios y tu opinión muy respetable, me pone la piel de gallina porque parece que hay un todo y no hay nada… La sensación es como de no sentirse completa, como de una mujer que quiere *todo*: el marido, los hijos, el éxito profesional… la perfección. ¿Te parece conocido? ¡Qué terrible!

Es posible que una mujer pueda resignarse a vivir sin ser
amada; ¡pero sin amar!, ¿cómo puede vivir?

JACINTO BENAVENTE

2. Mujeres: ¿mamás de teta grande?

Para este capítulo, pensé en mujeres que me rodean, con las cuales he mantenido alguna que otra conversación y nos hemos identificado. A todas las admiro y respeto profundamente. Cada una de ellas tiene algo que enseñarnos. Cuando te acercas a su corazón encuentras historias basadas en el amor al otro, en la entrega y la lucha constantes, en la dificultad que a veces se siente para bajar los brazos, en los deseos más bellos de ser queridas y cuidadas.

Mujeres sumamente trabajadoras *¡todas!*, fuertes pero muy vulnerables, divertidas, famosas por el reconocimiento público. Con aprendizajes y límites distintos. Estoy segura de que el testimonio y la opinión de cada una de ellas nos llevará a una reflexión importante sobre lo que son sus vidas en relación con la nuestra. A fin de cuentas, somos mujeres de carne y hueso con dolores, con deseos, con limitaciones... en la historia de sus vidas el amor ha justificado su entrega absoluta.

Lolita Ayala

Las mamás de teta grande lo dan todo… y luego dan más. Es decir, que somos —porque me incluyo— demasiado mamás, que tenemos un sentido de maternidad demasiado grande y que nos brindamos a nuestros seres queridos de manera incondicional.

En lo que a mí respecta, yo lo soy —metafóricamente hablando—, en gran medida debido al amor. ¿Por qué? Porque el amor que una siente por los hijos, y que es inconmensurable, nos impulsa a desear protegerlos en todos los sentidos, a entregarles absolutamente todo. Por su parte, ellos se recargan muchísimo en nosotros. Los psicólogos insisten en que esto es negativo, pero yo me pregunto: "¿Para qué trabajo? ¿Para qué ahorro? ¿Cuál es el sentido de mi vida si no es —precisamente— apoyar a mis hijos y ahora a mi nieto?". Entonces, yo trabajo para ellos y, quizá con un enfoque erróneo, les he dado demasiado.

Tú, Fernanda, me planteaste una pregunta que resultó inquietante para mí: "¿Qué lugar ocupas tú, qué lugar ocupan tus propias necesidades en tu lista de prioridades? Porque yo siempre quedo en el último". ¡Ah, caray, cómo me movió ese cuestionamiento!

Antes de contestarte, hice un análisis minucioso de conciencia y me percaté de que aunque, en efecto, algunas veces tiendo a pensar primero en los demás, en general me asigno prioridad a mí misma en primer lugar y después, desde luego, a mis hijos y a mi nieto. Así es como debe ser, ¡pero a veces lo olvidamos!

En lo que sí no fallo es en el aspecto de la salud: si tú no te cuidas, nadie te atenderá y controlará todo el tiempo. La salud es lo más importante que tenemos; sin ella no hay amor, trabajo, viajes, amistades, nada. Para mí la salud es fundamental; necesitamos estar saludables para poder ofrecer a los demás lo que queremos compartir con ellos, para poder convivir en plenitud. Entonces, sí soy una prioridad para mí misma en este sentido. Padecí un problema de salud muy fuerte que me hizo recapacitar sobre esto.

Pero, como tú me hiciste ver, ser una mamá de teta grande no se limita a la vida con nuestros hijos, a su protección, a su cuidado. También tiene que ver, y mucho, con nuestra pareja.

Me preguntaste si alguna vez me descubrí resolviéndole la vida a un hombre. Mi respuesta es muy simple: ¡sí!

La manera que hemos descrito de entregar nuestra alma y nuestro corazón la transportamos a otros afectos, a otros amores, a quienes una intenta allanarles todos los problemas y apoyarlos por completo. Eso es un hecho y me parece que es muy negativo porque esas personas también se aferran demasiado a nosotras hasta agobiarnos, lo cual en absoluto es conveniente.

Pero la culpa es nuestra; si desde un principio lo permitimos, se recargan más y más hasta que se llega al abuso. Entonces, y sólo entonces, es cuando una protesta.

La situación se convierte en abuso cuando tu pareja, o cualquier otra persona de quien se trate, espera que tú le resuelvas sus dificultades, aunque sean capaces de hacerlo por sí mismas.

El abuso de este tipo causa dolor porque, al caer en cuenta de que eres víctima del mismo, reaccionas, no lo aceptas más, y muchas veces eso te cuesta la relación.

Veamos un ejemplo.

Tú no estabas consciente de que una persona determinada demandaba mucho de ti. De pronto, se excede en sus peticiones y prácticamente exige que intervengas en diversas situaciones y las soluciones por ella: económicas ("Préstame tanto…"); laborales ("Ayúdame con tus relaciones públicas para que pueda conseguir un mejor puesto"); emocionales ("Tú que eres tan ecuánime, ayúdame, ¿cómo enfrento esto, qué debo hacer?… o, mejor aun, hazlo tú por mí").

En lo que se refiere a los hombres, he llegado a sentir que esto sucede y he sufrido por eso. En ocasiones yo he consentido en ello porque sé que tengo la solución, que puedo apoyar y me gusta hacerlo. Hoy estoy trabajando en poner altos a esto… Me desgasta mucho.

¿Cómo saber cuál es el límite? ¿Cómo descubrirlo en nosotras? Porque todas las mujeres, no sólo Lolita Ayala, no sólo Fernanda, sino todas, somos una sola. Yo soy igual que tú y aquella que va a leer nuestras palabras con seguridad es igual. ¿Cuándo se llega al límite?

Sin temor a equivocarme, puedo afirmar que cada una tiene su propio límite. Unas resisten más, otras menos. Es posible que lo que a mí me parece normal para otra represente un abuso.

La fórmula más eficaz es: si algo empieza a molestarte, si sientes que ya están abusando de ti, capta la señal y decídete a poner un alto a la situación.

Hay ejemplos de mujeres que por diversas razones optan por mantener a un hombre: lo hacen por apoyarlo, para que tenga oportunidad de encontrar empleo o reiniciar su negocio, lo que sea.

Pero cuando ven que los años pasan y pasan y ese ser a quien tanto aman no soluciona su problemática, tienen que decirse: "¡Basta!, ya no deseo ser yo la proveedora única y en todos los sentidos. Ya me cansé de recibir sólo peticiones y peticiones, ya debo ver por mí misma". Esa decisión la debes tomar al llegar a tu límite.

Me comentas que somos mamás de teta grande porque necesitamos reconocimiento, porque anhelamos que nos quieran o nos necesiten. Puede ser. Tal vez este deseo sea inconsciente, tal vez actuamos así por haber padecido inseguridad o falta de amor en alguna etapa de nuestra vida y proyectamos esa sensación en nuestra entrega a los que nos rodean. Y es que no sólo nos comportamos así con nuestros familiares o el hombre que es nuestro compañero, sino también con los demás. Parecería que ansiamos alumbrar la existencia de todos.

Me preguntas si al adquirir conciencia de nuestra actitud, si al ver que ser como somos no nos reditúa beneficios, debemos recapacitar y proponernos comportarnos de otra manera. Pues bien, yo no quiero dejar de ser como soy. A mí me gusta ayudar... sin abuso, que quede claro.

Para mí representa una satisfacción enorme tener la facilidad de apoyar a las personas que me rodean y necesitan ayuda. No pienso deshacerme de esa faceta de mi personalidad, es parte de mi ser. Quizá, como tú dices, algo no ande muy bien en mi interior. El caso es que soy así y así me gusta ser. Desde luego, una siempre puede cambiar cómo reacciona ante los estímulos, no es que seamos de una u otra forma permanentemente; todos vivimos una transformación continua.

Sin embargo, me he convencido de que mi misión en este planeta es ayudar a todo el que necesite algún tipo de apoyo y, por lo mismo, estoy dispuesta a seguir siendo como soy, a seguir siendo esa Lolita Ayala como la gente la conoce.

En mi caso, creo que puedo ser una mamá de teta grande, mientras esté consciente de lo que eso representa. Algunos pueden pensar que necesito un psicoanálisis, pero yo así me agrado, así me quiero.

Ahora bien, lo que aplica para una no siempre funciona con otras mujeres. El hecho de que yo me sienta a gusto con mi carácter no significa que no le aconseje a alguna amiga que no se comporte de la misma manera cuando está obteniendo resultados perjudiciales al actuar como lo hace.

Y es que a los seres humanos se nos facilita evaluar, criticar, asesorar, dar consejos cuando estamos fuera de una situación. Pero si somos honestos con nosotros mismos, nos inspeccionamoss y cuestionamos, muchas veces encontramos que no practicamos esas sugerencias que con tanta ligereza ofrecemos.

Hay gente que me ha dicho que me equivoco en mi estilo de relacionarme, pero no puedo ni quiero evitarlo. Siempre habrá personas que me necesiten y en mis manos está evitar que lleguen a propasarse en sus peticiones, en lo que esperan de mí.

Otro ejemplo está asociado con el trabajo. La posición de la mujer en el mundo laboral es difícil y muchas veces, con tal de pertenecer a una empresa, de desarrollarse y progresar, se comporta de manera servicial, incluso servil; siente que tiene que justificar su arribo y permanencia en ciertos puestos.

Como conversábamos —sé que es lo mismo que te sucede a ti y a muchas lectoras—, los colegas y subordinados, a sabiendas de nuestra tendencia a la benevolencia en ciertos aspectos, se aprovechan en sus demandas hasta que nosotras acabamos por acceder, con el fin de protegerlos, y ceder en lo que en principio no estamos de acuerdo.

Una mamá de teta grande pretende resolverlo todo en la oficina, en la fábrica o en las altas esferas ejecutivas. Da igual dónde se desenvuelva.

Caray, podría ahondar mucho en este tema, ¡es fascinante! Lo más importante es que las mujeres aprendamos a identificar cómo somos, si hay algo que debemos cambiar en nuestra forma de conducirnos y cómo podemos iniciar este cambio. No quiero decir que debamos renunciar a brindar ayuda a los demás. Más bien, es importante que lo hagamos con conciencia y confianza para evitar caer en excesos.

Michelle Bachelet

El poder ¿es siempre masculino?
Michelle: ¿Una madre para Chile?
por Paul Walder

(Tomado como dominio público del sitio www.puntofinal.cl/605/ madre.htm. Publicado en *Punto Final*, núm. 605, 25 de noviembre, 2005. Reproducido en su totalidad.)

Cuando Michelle Bachelet asumió la cartera de Defensa, su primera reunión con los altos mandos se inició con la siguiente declaración: "Soy socialista, agnóstica, separada y mujer... pero trabajaremos juntos".

La anécdota, que ha aparecido en algunos medios de comunicación, revela no sólo una realidad cultural compleja y discriminadora —viva en Chile desde las élites hasta las poblaciones y el campo—, sino también revela que Bachelet sabía perfectamente que ingresaba, en cierto modo como una infiltrada, en el corazón de la masculinidad.

No podía haber más diferencias. Una aparente brecha insondable separa la formación militar con la de una mujer militante socialista: una disparidad ideológica, cultural y, por cierto, de género. Fue una mujer que no sólo ingresa en los núcleos más profundos de las Fuerzas Armadas, sino que entra para ser de cierta forma su superior —lo que es muy funcional, o en este caso disfuncional, a la lógica jerárquica militar—.

La evaluación de su desempeño pudo haberse medido de muy diversas maneras, pero en la política moderna, de cara al espectador, hay sólo una que vale: la opinión pública modelada por los medios. Desde la cartera de Defensa, Michelle Bachelet pudo haber realizado un trabajo eficiente, pero el mayor valor ha sido haberlo hecho bien pese a su condición de mujer. Y es precisamente desde esta cartera que emerge como figura política catapultada de forma meteórica al primer lugar en todas las encuestas. Ocurre, podemos decir, un verdadero fenómeno cultural y político: una mujer socialista, hija de un general de la Fuerza Aérea, Alberto Bachelet, que fue torturado por sus compañeros de armas y que murió en la cárcel, detenida junto con su madre en la Villa Grimaldi por los militares, separada, como ella misma lo ha recordado, muta en figura política desde el centro de una institución masculina por definición. Salta a la batalla política —por usar una metáfora militar— desde el mismo ejército que casi la hace desaparecer, hace más de treinta años.

Bachelet sale fortalecida como una guerrera. Pero su triunfo militar no lo ha logrado con armas —usamos otra figura castrense— propiamente masculinas, como puede ser la dureza en el trato, el apego a las jerarquías o el lenguaje golpeado. Su paso por Defensa lo hace sin dejar de lado su propia formación y estilo, tan alejados de la formalidad y disciplinas militares. El país y los medios se deleitaron durante largos meses al verla con un casco arriba de un tanque o pasando revista en un jeep militar. Lo hizo sin perder sus originales atributos. Nada más ajeno a la rígida norma militar que los gestos y la sonrisa de la entonces ministra.

Logra disciplinar al ejército

Lo que surge a partir de aquellos meses es una intensa empatía con los medios y la gente. Ocurre precisamente por aquella paradoja. ¿Cómo una mujer aparentemente clásica lograba ordenar —no digamos disciplinar, aunque también pudo haber sido así— al temible ejército chileno? ¿Por qué ella saltaba como favorita en las encuestas y no Soledad Alvear, que también había sido eficiente en las carteras de Justicia y Relaciones Exteriores? Tal vez precisamente porque la franqueza o sencillez de Bachelet lleva a percibirla como una figura femenina tradicional, hundida en nuestro imaginario como nación y sumergida también en nuestras conciencias o subconciencias. Bachelet con su espontaneidad y extroversión, y también por su misma biografía, es o parece ser una mujer chilena clásica, definición que intentaré explicar.

¿Cómo aparece Michelle Bachelet casi de la noche a la mañana en la cúspide de las encuestas de opinión? Pese a su militancia socialista, lo que en ella convoca es una fuerte empatía en torno a su condición de género, en una sociedad en pleno —o deseado— proceso de modernización en el sentido del fuerte cambio de hábitos que ha experimentado durante los últimos diez o quince años. Bachelet, o ella como fenómeno político, irrumpe hacia el centro de este cambio, en el que la condición de la mujer es un eje fundamental: los mayores cambios sociales y culturales del siglo XX —que para nosotros serán también y con más fuerza en el XXI— han estado impulsados por la transición de la mujer desde el ámbito exclusivamente privado al público. Este cambio, afirman sociólogos como Anthony Giddens, es probablemente la mayor transformación social de esta fase tardía de la modernidad, que altera no sólo las relaciones sociales y laborales sino también la institución de la familia tradicional. A partir de este cambio —la mujer en el trabajo, en la vida pública, la mujer jefa de hogar— ya nada será como antes.

Siguiendo a Giddens, podemos decir que en Chile vivimos este cambio, pero tensionado por fuertes atavismos que surgen desde la masculinidad. Se trata de una transformación transversal, que cruza clases sociales e ideologías políticas. La reivindicación de igualdad de género, como respecto a la equidad salarial, es un tema compartido y levantado con matices desde la UDI al PC. Y es aquí cuando Bachelet es elevada a niveles heroicos desde la derecha a la Izquierda. Simboliza la razón, el acceso a la modernidad, que es igualdad, la ruptura con el lastre de las tradiciones machistas.

Bachelet logra romper con profundas tradiciones sin elevar un discurso ideológico de género, aun cuando como candidata ha revelado una sólida formación feminista. Pero desde la cartera de Defensa logra corroer aquella institucionalidad del poder masculino con herramientas livianas y carentes de toda ideología: ella actúa tal cual es —mujer chilena, separada, socialista y agnóstica— y cautiva a la opinión pública. Ha logrado generar consciente o inconscientemente un vínculo entre su actuar, su ser, y las aspiraciones de cambio y modernidad de gran parte de la sociedad chilena. ¿Qué mujer no se sintió identificada con ella al observarla seducir sin mañas al ejército? Si ella pudo manejarlo, ¿por qué el resto de las mujeres trabajadoras no podrían controlar sus relaciones laborales o, por lo menos, a sus maridos? O también, si pudo domeñar al ejército, ¿por qué no a la clase política y dirigir desde La Moneda al país?

El mito de María

¿Por qué un pueblo ha apoyado a esta mujer, aparentemente sin los típicos atributos del político ni del tecnócrata? Existe una fuerte corriente cultural latinoamericana que arranca del mito mariano, de María, la virgen, que es simbólicamente, desde los orígenes de la Conquista, el modelo femenino discriminado y subordinado al poder masculino. Pero este mito pone a la mujer discriminada, sola, abandonada por el macho, como un referente poderoso: aquella fémina jefa de hogar desde su debilidad y no sin sufrimientos logra imponerse, educar a sus hijos, instalar su identidad, hacerse valer. La madre asume en estas duras circunstancias el papel del padre. Ella lo es todo.

Esta tesis, desarrollada por numerosos antropólogos latinoamericanos y comentada por la chilena Sonia Montecino en su ensayo *Madres y huachos*, nos conduce al fenómeno Bachelet. Su condición de separada, a la que ella ha aludido en numerosas ocasiones, no la debilita, sino que la fortalece y la convierte en un nuevo referente público levantado por este profundo mito hasta ahora de índole privado. Podemos decir que la condición de mujer separada era hasta hace no muchos años una especie de trauma, de pecado, que se invierte si no necesariamente en icono del feminismo —aun cuando sucede en no pocas corrientes de mujeres— sí en un natural estado civil.

Si observamos las estadísticas de nacimientos en Chile, podemos detectar que prácticamente la mitad de los niños nace fuera del matrimonio, lo que implica a muchas madres solteras que estarían identificadas con el mito mariano. Son madres-padres, son el todo. Podemos decir que Chile como nación tiene una fuerte relación con la figura materna, lo que insinúa, a la vez, la figura del padre ausente. Casi la mitad de los chilenos tenemos como único referente a esta madre, que es también padre.

Esta totalidad de la madre surge de la ausencia del padre, lo que es también hablar de debilidad de los hijos. Nuestra cultura, en cierto modo, está construida por la idea del abandono: una lejana imagen del padre, idealizada pero abstracta; una madre objetivamente débil, pero estable y real.

Hasta ahora, esta imagen materna había estado presente en numerosos episodios de la política chilena y latinoamericana, desde las Madres de Plaza de Mayo, las ollas comunes, el uso de la cacerola como arma simbólica de protesta, las cuecas de mujeres solas, pero nunca había sido instalada en una figura con aspiraciones y posibilidades presidenciales. El caso de Eva Perón, que tiene también un fuerte contenido mítico, se encarnó al lado del poder masculino: eran la pareja perfecta. Era la mujer al lado del poder masculino.

Las nuevas relaciones de género

Tenemos el mito y tenemos también el proceso de modernización cultural, que surge de los cambios económicos y sociales. De una u otra forma la incorporación masiva de la mujer al mundo laboral ha transformado las relaciones de género. Bachelet aparece —lo mismo que en aquellos días Soledad Alvear— en un escenario que reclama la igualdad de género como discurso propio de la modernidad. Las temporeras, las telefonistas, las cajeras, pero también las mujeres profesionales son cada vez más protagonistas de la fuerza laboral, exigen una igualdad de trato y salarial. Todas demandas que son transversales, con sus propias diferencias, a las inclinaciones políticas.

Si es así en las relaciones laborales, lo es también en la vida doméstica. La incorporación de la mujer al trabajo muchas veces está impulsada por el repliegue laboral masculino. En no pocos hogares pasa a ser el ingreso de la mujer la primera fuente de recursos familiares.

Este fenómeno conlleva grandes cambios, que involucran no sólo a las mujeres sino también al poder masculino. Hay, objetivamente, una transformación en la vida familiar de pareja.

La idea de una mujer presidenta de Chile, que en poco más de un año se ha instalado en el imaginario nacional, representa, en una primera mirada, un quiebre con los tradicionales hábitos privados y públicos. En los privados porque es aceptada por los potenciales electores y electoras en un país en que la mujer tuvo derecho a voto hace poco más de cincuenta años; en los públicos, porque no sólo se le postula a un cargo tradicionalmente masculino, sino también porque en el resto de las instituciones persiste todavía una fuerte discriminación hacia la condición femenina. Son minoría en los ministerios, en los altos cargos de la administración pública, en el poder económico y político.

Bachelet repite, ahora con un discurso propio de las históricas reivindicaciones de género, que su ingreso a La Moneda será también un símbolo para reforzar y cristalizar el poder de las mujeres. Desde el primer lugar de lo público irradiará un discurso permanente para corroer la discriminación, que es también maltrato y abuso.

Pero es probable que este proceso hacia La Moneda sea un trance transformador y Michelle Bachelet sufra algunas mutaciones que se añadirían a las que hemos observado en estos meses. Como ocurre en no pocos casos de mujeres en la primera línea política —desde la Thatcher a Condoleezza Rice—, la condición femenina se mimetiza con el poder político, el que es y ha sido históricamente masculino. Se trata de mujeres muy eficientes en el manejo del actual estado de cosas, lo que es simplemente una mantención de las mismas estructuras de poder. Es la política del gatopardo operando a plena marcha.

Hay no pocas señales en esta dirección: desde su vestimenta formal, la contención de su sonrisa y su explosiva gestualidad, la modelación de su discurso. En todos estos casos lo que hay es una acomodación de actitudes propias de su feminidad a gestos propios del poder masculino en la política.

El discurso tecnocrático que hoy exhibe Bachelet es una clara señal de integración al corazón del discurso del poder, el que, como decimos, ha sido y es masculino.

La soberbia del machismo

Michelle Bachelet no es una revolucionaria en el Partido Socialista. Y tampoco es una extrema militante feminista. Sí integra un imaginario socialdemócrata con un espíritu de mayor igualdad en las relaciones de género, lo que no es poco para un país tradicionalmente machista. Con un machismo que además de hundirse por varias y profundas capas culturales de la vida privada, ha estado y aún está muy presente en su vida pública. La clase política chilena puede darse hoy muchas libertades, pero no poner en duda el poder que brota de su masculinidad.

El presidente Lagos, que termina su mandato con un histórico apoyo según las encuestas, puede ser un arquetipo de esta relación entre el poder y la masculinidad: un padre protector, a veces un padre autoritario. Cuando en Monterrey le respondió con extrema dureza al entonces presidente de Bolivia, Carlos Mesa, prácticamente toda la clase política nacional irrumpió en aplausos. Eso es, se dijo, tener pantalones, lo que en otras palabras es identificar la extrema resolución, que es también cierta soberbia y agresividad, con una actitud propiamente masculina.

¿Ha sido éste el arquetipo de nuestros presidentes? Pregunta de difícil respuesta y de posibles y extensas tesis y argumentaciones que corresponden a los historiadores. ¿Cuál fue la impronta paterna de Salvador Allende? ¿Había en el sanguinario autoritarismo de Pinochet una oculta inseguridad y debilidad? Es una pregunta algo freudiana que aparece tras conocerse su relación con Lucía Hiriart y el papel no menor que ella habría jugado en los preparativos del golpe de Estado. Y, por último, ¿cómo integramos aquí la posterior figura de abuelo bonachón de Patricio Aylwin y de aparente vaguedad demostrada por Eduardo Frei Ruiz-Tagle? Pero de una u otra manera, en todos los casos existe paternalismo.

La fuerte tradición machista ya la sufre Bachelet en esta campaña, desde los familiares y tal vez poco adecuados apelativos para una eventual futura presidenta, como el funesto "la gordi" usado por Nicolás Eyzaguirre a "la Michelle" de Joaquín Lavín. Se trata de apodos que traslucen, sin mala intención, un implícito menosprecio a la condición de una mujer en la arena política. Hasta ahora no hemos oído que a Andrés Zaldívar le digan en el Senado "chico" a secas, o que a los numerosos calvos que se sientan en la Cámara les llamen simplemente "el pelao". Una cultura profundamente machista inhibe en el terreno público este trato, lo que no sucede con una mujer que no ha ocultado, en toda su sencillez, su condición de mujer.

Ante estas circunstancias, lo que tendremos es un proceso de impregnación con el poder masculino. Bachelet, si ingresa a La Moneda el próximo 11 de marzo, será investida con toda probabilidad con este poder.

Sólo 36 mujeres han sido presidentes de gobierno o jefas de Estado en el mundo desde el fin de la Segunda Guerra Mundial, entre las que destacan la premier de la India, Indira Gandhi, en sus dos periodos; la primera ministra de Israel, Golda Meier; la premier de Pakistán, Benazir Bhutto; la primera ministra de Francia, Edith Cresson, y, cómo no mencionarla, la primera ministra británica, Margaret Thatcher, que gobernó como Dama de Hierro, guerra contra Argentina mediante, entre 1979 y 1990.

En nuestras latitudes la conducción de la política ha estado en pocas ocasiones en manos de mujeres. Recordamos a

Estela Martínez de Perón, que gobernó Argentina; a Violeta Barrios de Chamorro, de Nicaragua; a Mireya Moscoso, de Panamá y, a Lidia Gueiler de Bolivia.

En Asia también podemos recordar figuras emblemáticas, como Corazón Aquino, de Filipinas, así como a la actual presidenta Gloria Macapagal-Arroyo y a la actual líder de Indonesia, Megawati Sukarnoputri. Junto a estas líderes de Asia gobiernan mujeres en Nueva Zelanda, Helen Clarke; Bangladesh, Khaleda Zia; Finlandia, Tarja Halonen; Irlanda, Mary MacAleese; Latvia, Vaira Vike-Freiberga; Sri Lanka, Chandrika Kumaratunga, y a partir de 2006, Angela Merkel en Alemania.

Por cierto que de esta lista no todas terminaron sus mandatos, como tampoco accedieron al poder en forma clásicamente democrática. Y en no pocos casos terminaron su gobierno por golpes de Estado, revueltas o magnicidio, como fue el caso de Indira Gandhi, asesinada por sus escoltas.

Sabina Berman

El título *Mamás de teta grande* me habla de una identidad femenina muy oculta, yo diría que incluso era la más común antes de que sucediera el feminismo en el siglo XX. Las mujeres servíamos para eso: para alimentar al mundo y no tener nuestra propia identidad.

¿Hasta dónde debe haber límites de entrega en la relación de una mujer con un hombre? La cultura nos jugó muy chueco a las mujeres. Primero, durante siglos nos educó para ser eso, mamás de teta grande, pero al mismo tiempo que lo hacíamos era lo que no se valoraba. Sosteníamos la civilización, pero estábamos excluidas del mundo de lo nombrado, éramos lo invisible.

Entonces llegó el feminismo que ahora se ha convertido en un juego de víctimas. Las mujeres están a la merced del azar, del corazón, de las otras personas, de una cultura que, contrariamente, lo que valúa es la independencia y la individualidad.

Yo he sido una mamá de teta grande porque en ciertos momentos he perdido los límites, he dado todo a cambio de nada… El amor siempre te lleva a ese riesgo, es casi inevitable. Entregas todo y si no tienes suerte, la otra persona puede no apreciar lo que estás haciendo.

Yo viví con una persona alcohólica que por momentos me agradecía mucho y por momentos me odiaba, y en casa se desataba el pleito, el gran drama. Cuando te encuentras en una situación así, es tan intenso el mundo de dos, el mundo de la pareja, que se acaba el universo.

Resulta un pecado contra la vida.

Es difícil salir de eso que los psicólogos llaman ahora codependencia. En esa relación lo que deseaba era proteger a la otra persona de su alcoholismo, debía convertirme en su salvadora. De mí dependía que él estuviera bien.

En realidad, me parece que lo que quería salvar era el amor, pero no lo logré. Una muy buena amiga me dio un libro del tipo que venden en las librerías de moda y que yo como intelectual no hubiera leído. Pero mi amiga, que es alcohólica, ya abstinente, me dijo: "Tienes que leer esto".

Lo leí y me dije: "Dios mío, estoy clavada en una codependencia" y el síntoma de la codependencia es no poder hablar de lo que sucede, está prohibido, es tabú. No eres capaz de mencionar que estás sufriendo mucho, tienes que pretender que no estás sufriendo y el mundo mismo se empieza a cerrar. Sé que eso les pasa mucho a las mamás con sus hijos. No necesariamente se trata de alcoholismo, puede ser cualquier adicción o maltrato. De todos modos, es un peligro que el amor entraña. Diría que si lo que das no produce efecto en el otro, te vuelves una dadora compulsiva. Ahí empieza la enfermedad porque cuando tú lanzas la pelota, te la lanzan de nuevo y tú la vuelves a lanzar, es un juego de dar y recibir gozoso y creativo.

Pero cuando empiezas a lanzar la pelota, ping pong, y no regresa, se despierta una característica terrible en el ser humano, de insistir donde nada está sucediendo. Se llama locura cometer el mismo error una y otra vez, a la espera de que el resultado sea distinto.

En mi caso, yo reflexioné que esta forma de ser se debía a mi incredulidad, pensaba que no era capaz de salvar el amor. ¿De dónde me viene eso? Supongo que es muy antiguo, es casi como no aceptar que el tiempo pasa y que la muerte existe. Es una parte infantil que yo tenía.

Con esa experiencia maduré, ahora me siento mucho menos poderosa y, por tanto, me respeto más.

Hoy, doy y cuido hasta donde ya no me sacrifico, es decir, hasta donde ya no me niego a mí misma.

Ya no repetiría esa conducta. Hay que dar sintiéndose gustosa de dar. Dar es lo que te empodera más, es lo que te hace sentir que eres fuerte en el mundo. Pero si dar te hace sentir menos e incluso te borra, hay que salirse de la situación porque, además, no están recibiendo lo que das. Si no hay equilibrio, no hay equidad, no es justo y te vas esfumando, lo cual quiere decir que ante la otra persona no existes, no eres importante, no vales. Por el contrario, cuando el otro toma lo que das, te fortalece y eso se establece en cualquier vínculo. Como maestra de dramaturgia, a veces me han tocado también alumnos muy arrogantes. Cuando ves que desprecian lo que les brindas, es tiempo de irte. Hay maestros que insisten precisamente con los alumnos arrogantes. Si no quieren tomarlo, no hay que forzar el asunto. El mundo es muy misterioso, igual y lo que les das no es lo que necesitan. ¿Para qué entretenerte en lo fallido?

Una de las cosas que he aprendido es que si en una conversación, en una simple charla, tu interlocutor te dice *no* más de tres veces seguidas, de manera verbal o en el nivel de energía, puedes y debes levantarte y partir porque no hay para dónde avanzar.

Fernanda, me comentas que te identificas con mi testimonio, que te hace pensar en las mujeres que, como tú y como yo, se esfuerzan en ser queridas debido a que la sensación es que no eres querida, aun cuando te estés vaciando. Me parece que tu apreciación es exacta. Yo me he preguntado eso y me parece el cuestionamiento más difícil. ¿Por qué seguí con lo mismo tantos años? Y no he llegado a una respuesta única. Más bien, son varias. Las tengo todavía en mis pensamientos. Una es que fui una niña muy querida y, entonces, no puedo creer que no me quieran. Otra es que fui una niña poco querida y me tocan esa herida, esa sensación que tengo que resolver. O que fui fiel a un primer juramento de amor, una fidelidad a muerte, más allá de la decisión. También por comodidad, porque ya tienes una estructura hecha y dices: "Bueno, aquí me quedo porque si no, ¿a dónde voy?". En mi caso no he logrado encontrar una sola respuesta.

En el mío —comenta Fernanda—, fue por miedo, por miedo a fallar en el ideal de una familia. Trabajé tantísimo en esa fotografía familiar, que cuando veía que no existía me frustraba y me costaba mucho agarrar el papel de la foto, que representaba mis ilusiones, mis metas, mis sueños más íntimos, y saber que tenía que romperlo. Me decía: "No, caramba, se puede un poquito más. Todavía no he dado todo, ¡un poquito más!". Y para cuando llegué a mi límite estaba por completo devastada, con la autoestima por los suelos. Es una gran violencia, pero no de parte de él, es más bien una especie de maltrato propio.

Yo —retoma Sabina— hoy me impongo límites, he aprendido a vivir de manera distinta. Como ya mencioné, no insisto donde hay un no. Soy tan exagerada en eso que incluso me he levantado de entrevistas periodísticas pues, después de tanto no, ¿para qué estoy en ellas?

En la vida es importante el sí del otro, por supuesto, pero tienes que trabajarlo. Hay personas que te condicionan el sí, como si fueran dioses, por ejemplo, los narcisistas. El narcisismo es como la enfermedad de nuestra época. Ellos se colocan ahí y te retan: "Búscame, busca por dónde puedes entrar". Ese tipo de relaciones no las acepto ni con el jerarca más alto. Mejor sola que intentar construir de nuevo castillos en el aire, así de fuerte fue mi caída. Esto fue hace seis años, podría decirse que aprendí rápido. Siento que es una cosa común, Fernanda, por algo estás escribiendo este libro.

Es más común de lo que pensamos y los recovecos que cada una de nosotras, las mujeres, tenemos en torno a esto son espeluznantes, con la educación que recibimos de dar, de ser dadivosas, de ser serviciales, de atender las necesidades y las prioridades del otro, y nosotras irnos a la otra parte de la lista.

Nos hemos perdido en el camino y ahora queremos reinventarnos como mujeres ya que nos duele ser así.

Antes no había cuestionamiento. Yo tuve una abuela que se negaba rotundamente a sí misma y se murió por eso. Recuerdo que tosía, tenía una tos cavernosa, terrible, y me advertía que no le dijera a nadie. Su intención era no robarle tiempo a la familia y evitar que gastaran dinero en médicos y se preocuparan por ella.

Hoy podemos ver nuevas formas. Si queremos ser mamás de teta grande, está bien, pero no sufrir por eso, hay que poner límites con nuestra gran fuerza femenina y si tú no te niegas, te colocas en un lugar estratégico para que no te lastimen. Lo malo es cómo nos enseñan a colocarnos en el dar.

No pienso que éste sea un asunto latinoamericano, sino que ocurre en todas partes. Por ejemplo, en los países árabes las mujeres van en una cárcel portátil, sólo tienen derecho a ver un poquito el mundo.

¿Cómo repercute en la sexualidad de una mujer el hecho de ser una mamá de teta grande? Muy sencillo; la sexualidad desaparece. Dar y dar y negarte a ti misma se acompaña con perder el deseo, con dejar de sentir el deseo y, además, con el retiro del deseo por parte de la otra persona. No sé si esto sea cierto en el nivel estadístico, pero en mi experiencia, sí lo es.

Estas nodrizas también pueden llegar al camino contrario, desbordarse en una ternura exagerada, fingida, porque están cuidando al niño. Pero el niño se asfixia y empieza a retirarse. Es decir, busco su felicidad para que él esté satisfecho sexualmente, aunque yo sacrifique con mis silencios mi parte vital.

Lo que buscas es justo el reconocimiento, y te lo escasean. Es una manera de castigar a la mamá de teta grande; tú sí tienes que resolver y él no tiene capacidad de resolver, pero mucho menos de reconocer que tú sí lo haces y bien.

Entonces viene un racionamiento del reconocimiento y ¿qué más reconocimiento que la sexualidad, que hacer el amor? Es donde dos seres humanos se reconocen. ¿Te das cuenta de lo grave que puede llegar a ser?

A mí específicamente lo que me ocurrió es que entré en un desfallecimiento de mi libido. ¿Quién sabe dónde estaban mi deseo y mis ganas? No los encontraba e iba al súper y para decidirme entre dos cereales era una escena de Hamlet. No daba con mi deseo, yo me había borrado, nada más estaba para responder a un deseo ajeno.

Estos cuestionamientos que nos hacemos dos mujeres con edades y experiencias distintas, que hemos sido mamás de teta grande, me gusta mucho, ¡es un descubrimiento! Me emociona que estés escribiendo sobre esto. Creo que las mujeres debemos hablar del tema en voz alta y sin vergüenza. En mi opinión, tiene que ver con un proceso histórico del cambio de identidad de las mujeres al que nos enfrentamos.

Darnos cuenta de que somos casos de una historia mayor nos hace ver que no somos tontas en particular. Yo me sentí enormemente sola y tonta, pero muy tonta: ¿cómo pude llegar a esto? Me ayudó mucho saber que muchas mujeres habían caído en esa actitud de entregarse hasta la coronilla, ¡era devastador, además, verme en una isla de emociones encontradas, sola por completo!

Esto me ha trastocado en algo que defino aún como el vacío más grande de mi vida provocado por mí. Una muy buena amiga, Lucina Jiménez, antropóloga, me contó que después de la pérdida de un amor, las mujeres, sus amigas, le preguntaban: "¿Con qué vas a llenar ese vacío?". Y ella consistentemente contestaba: "¿Cuál vacío? Nunca he estado hueca". Lo otro es que no hay que dejarse ahuecarse, no hay que vaciarse. Eso depende de nosotras, no del de enfrente. Hay que poner límites, punto.

Paty Chapoy

Fernanda, me preguntas que hasta dónde sería capaz de dar de mí y te diría que como mamá no hay límites. Una puede dar más de lo imaginable, incluso incurrir en una situación de peligro si tus hijos enfrentan un problema. De sobra conocemos casos en los que las madres donan un órgano a un hijo con la esperanza de salvarle la vida. Otras se dedican por entero a ayudar a un hijo que nació con un trastorno de salud. Sí, como mamá no hay límites, una puede llegar a cegarse con tal de evitar algún riesgo fatal a su hijo.

Ahora, como mujer, tampoco me impongo límites. Yo no comulgo con las medias tintas, te das o no te das, nada de un poquito ahora y mañana otro poco.

Creo que tiene que haber una intensidad completa, constante y profunda.

En la lista de prioridades de mi vida, me ubico en el primer lugar. Si yo no estoy bien conmigo, no estoy bien con nadie y eso para mí es muy claro. La enorme responsabilidad que tengo desde que nací hasta el día de hoy constituye el viaje más interesante y la aventura más placentera: el vivir mi propia vida, el responsabilizarme, el saber qué es lo que quiero, cómo lo quiero y cuándo lo quiero o ¡por qué no lo quiero!, ha significado una carrera de muchos años y ha sido fascinante.

Después de creer que todo lo demás era más importante, he entendido que lo más importante tengo que ser yo; eso si quiero que lo demás funcione como debe funcionar, y me refiero a mi vida en pareja, a mi vida en familia, a mi vida profesional y a mi vida con mis amistades. Debo llenarme a mí antes que llenar a otros.

Mi fuerza radica en la reflexión y en la introspección que practico desde hace largo tiempo en relación con lo que me sucede: desde preguntarme quién soy, por qué estoy viva, qué es lo que quiero de mí y cómo puedo lograrlo. Si una no reflexiona y no realiza un trabajo auténtico de introspección, no logra avanzar.

Yo he recorrido muchísimos caminos que me han enriquecido en gran medida. En concreto puedo hablar del trabajo de psicoanálisis y de la meditación budista. La combinación de ambas me ha sacado adelante porque en tanto el psicoanálisis me ayudó a crearme, a fortalecerme, a entenderme y a solidificarme, la meditación budista es todo lo contrario: ya te conociste, ahora no te tomes en cuenta, ahora haz a un lado tus apegos, ahora entiende que no eres lo que crees que eres.

Me ha llevado tiempo trabajar en mí, pero puedo decirte que hoy me siento bien, mejor que nunca.

Por otra parte, mi vulnerabilidad radica, en esencia, en el anhelo de que mi marido y mis hijos estén bien.

¿Que si me resulta fácil quitarme el overol y ponerme la falda? Por supuesto, yo soy de ese tipo de mujeres que no ha tenido problema alguno en lo que respecta a mi feminidad. Sé cuál es mi sitio frente a mi pareja, somos un gran equipo y nos reconocemos mutuamente en este aspecto. En mi caso, comparto la vida con un hombre que me ha permitido desarrollarme y me respeta por eso. Mi postura es muy diferente, pienso que cada uno puede desarrollarse en cualquier circunstancia, siempre y cuando se desee, porque no somos dueños de nadie. Hay muchas cosas que pueden negociarse. Algo que me ha ayudado en gran medida es que yo no me tomo las cosas en el nivel personal ni muy en serio. El mundo en el que las mujeres nos desenvolvemos es un mundo de hombres y ellos piensan en forma muy diferente que nosotras. Hay que tomar las cosas como suceden, yo no veo este mundo laboral como de competencia sino como complementario. Se necesitan ambas manos, la de una y la del otro.

En cuanto a si soluciono o he solucionado vidas ajenas, durante un tiempo, sobre todo cuando era niña, intenté hacerlo. Hablo en específico de los personajes más cercanos a mí: mis papás. Con los años, con mucho trabajo de análisis, me percaté de que no puedo hacer nada por nadie; puedo darles tiempo, puedo escucharles, puedo brindarles alguna orientación o ayuda si la solicitan, pero no me esfuerzo ni invierto mis horas en un intento de resolver asuntos que no me corresponden.

A mí me incumbe solucionar sólo lo que me sucede a mí y ayudar a otros hasta donde me sea posible. Cada persona funciona de manera única, con ritmos distintos.

Un cuestionamiento que me motivó a reflexionar es el de si en algún momento me he vaciado para darle a otros. La respuesta es sí, desde luego que sí. Es una satisfacción enorme trabajar para los demás; es lo que te llena de fortaleza, de energía, de emociones y sensaciones que en mi caso, por ejemplo, creía que nunca surgirían porque no las tenía. Trabajar para los demás en muchos aspectos, desde dar orientación o dar clases hasta sacarlos del hoyo, es fantástico. Se desarrolla en ti un atributo relevante: la compasión, pero no está en mí el poder de cambiarlos o de aleccionarlos, me parece muy antipático pensarlo así.

Por supuesto que he llegado a vaciarme para darle a los demás. Me sucedió con mi mamá. Ella era alcohólica y meses antes de que falleciera tuvo muchos problemas de salud. Entonces me dediqué a ella. Aún no sé cómo terminé de resolver mi vida con tal de resolver la de ella. Me vaciaba al exprimir mis días, al no pensar en mí, al no dedicar tiempo para mí, al estar tremendamente alerta para ver cuál era el paso que debía dar y tomar decisiones sobre lo que los médicos sugerían hacer con respecto a mi mamá, al organizarme de manera que no fallé un solo día en mi casa ni en mi trabajo ni en el sanatorio, durmiendo ahí en una silla, llevando y trayendo a mi papá a su casa, informándoles a mis hermanos, enfrentando a cada uno de ellos acerca de la situación trágica que vivíamos, al hacer lo mejor que podía para el bienestar de mi papá. Fue un aprendizaje muy fuerte. Yo no era culpable del alcoholismo de mi mamá y, sin embargo, cargué con él mucho tiempo.

Fernanda, me preguntas si soy del tipo de mujer a la que todos se acercan para nutrirse y luego marcharse, a la que se comporta así para sentirse útil y querida no por lo que es sino por lo que da. Es por medio de la historia de mi mamá que me identifico de esa manera. Fue un camino que causó desgaste, mucho miedo, inseguridad, pero que me ayudó, y mucho, a ver que lo más importante es primero darme a mí, cuidarme, apapacharme, estar en la primera fila.

Ésa fue la gran herencia de mi mamá porque siempre lo de otros puede llegar a impactarte en forma muy positiva y llevarte a entender con el tiempo que por algo te tocó vivir tal o cual situación.

Quejarnos no es el camino, dar tiempo para ver cuál fue el aprendizaje es una mejor elección.

Algo que también aprendí y que quiero compartir es que cuando me descubro nutriendo, porque claro que lo hago, no me quedo a esperar que me lo agradezcan y eso me aligera el viaje de manera impresionante.

Es muy importante el asunto del agradecimiento, la diferencia entre esperarlo y no esperarlo... Vale más que no lo esperes; así, si es que llega —que puede no ocurrir—, es algo fantástico, es como un regalo. Me parece que invariablemente las personas anhelamos, por un lado, reconocimiento y, por otro, agradecimiento.

El ser mamá de teta grande es un asunto cultural universal. A este tipo de mujeres se les coloca en un altar en muchos países, en unos más que en otros. Recordemos que, por ejemplo, en México todo gira alrededor de la mamá, de la abuela, de la tía. Siempre es la mamá la que logra que la familia se conforme, que esté unida y comunicada. Es algo con lo que tenemos que vivir. Pero hay que hacer altos en el camino y ver que también necesitamos contar con tiempo para nosotras, para lo que queremos y lo que no queremos.

Una de tus preguntas despertó mi curiosidad: ¿He mantenido a un hombre? En una época mantuve a mis papás, pero a un hombre como tal, nunca. No me identifico con esa idea. Yo me identifico con un hombre que sea productivo y que trabaje al parejo conmigo. Mantenerlo, ¿para qué? Si lo haces, lo vuelves más irresponsable. Ahora bien, si por algún accidente o broma de la vida se enferma, eso es muy diferente. Pero por el gusto o por el interés de las apariencias, no estoy de acuerdo.

No obstante, sé de muchísimos casos en los que la relación de pareja funciona de esa manera, pero ellas se ven en desventaja: los hombres, de alguna manera, cobrarán su incapacidad.

Hasta ahora, lo que me queda claro con estas interrogantes es que he sido mamá de teta grande con mi madre, por su enfermedad, y con mis padres en algún momento, por la situación que se vivía.

No sé si lo he sido con mis hijos; creo que en ese sentido, no, porque desde un principio Álvaro y yo quedamos en educar a un par de hijos responsables no sólo de las travesuras sino de todo lo que hacían o decían.

En cuanto al tema de pareja, Álvaro y yo hemos funcionado porque ambos estamos conscientes de que en cualquier momento él puede vivir sin mí y yo sin él, y estamos juntos porque nos gustamos y nos amamos, no por conveniencia ni por tapar huecos.

La comunicación es fundamental. La relación entre un hombre y una mujer es muy delicada, con mucha facilidad se transforma el rol de esposa en el de mamá o en el de enfermera o cuidadora, o el de esposo en protector, en papá de su pareja u otros.

Por eso me esfuerzo por estar muy alerta; una cosa es el apapacho y otra, la complacencia. Hay que poner límites, son beneficiosos para todos.

Puesto que ya experimenté lo que es ser mamá de teta grande con el alcoholismo de mi mamá, ahora evito, de manera consciente, caer en lo mismo. El problema es que se puede confundir con una forma muy natural de ser de nuestro género y es ahí donde tienes que prestar mucha atención.

Si yo pudiera definir mi cuento de la princesa en relación con su príncipe, diría que es una princesa que ha luchado mucho por tener una buena relación permanente porque en el camino también, por desgracia, te saboteas como pareja. Álvaro y yo llevamos treinta años de casados y hasta hoy vamos bien, a pesar de que estamos rodeados de mucha negatividad. Ambos venimos de familias depresivas y nos cuesta mucho entender que podemos llevar una buena vida, una vida en paz, una vida con armonía; de repente nos ponemos ladrillos para tropezarnos. Él vivió el serio problema de que perdió a su papá desde los cinco años de edad. En su caso, como mi mamá, el señor era alcohólico. Con este tipo de situaciones nuestras familias no eran típicas, sino todo lo contrario: en ellas no había comunicación, no se hablaba, mucho menos se reflexionaba y el vuelco que le dimos cada quien por su lado dio como resultado lo que hoy tenemos como personas.

Por su manera de ser, por su enfermedad, mi mamá nunca fue una mamá de teta grande, no brindaba ese tipo de protección. Había muchos momentos de ausencia y yo, desde la perspectiva psicoanalítica, me convertí en una niña parental, que automáticamente empieza a proteger a sus papás. Me volví mamá y papá de los dos.

Este tema es muy interesante y qué bueno que podemos hablar de él. Los seres humanos necesitamos trabajar más en nuestro interior. La vida se vive de adentro hacia afuera y no al revés.

Fátima Fernández

En ciertos momentos de la vida puedes encontrarte con alguien y su neurosis empata con la tuya, resuenan y se vuelve una relación explosiva. Pero tiene que haber esa conjunción de dos historias que se atrapan una a la otra y convergen en una zona irracional.

Entonces, la destrucción puede ser mutua.

Hay una antigua sabiduría sufí llama eneagrama, con la cual me he familiarizado últimamente. En ella se dice que algunas personas tienen una manera de ser ante el mundo porque las rigen ciertas glándulas y así es su vida. Me parece que manejan nueve tipos de personalidades y las mujeres del tipo dos son muy entregadas; su forma de ser es de entrega total a los demás, a costa de ellas mismas. Esta sabiduría me llevó a entender y respetar a estas mujeres, ya que antes pensaba que tal conducta era reprobable.

La estructura de estas mujeres nodrizas se basa en que en el número uno de su jerarquía interna aparece el rol de madre-esposa y cuando no hay relación de pareja o no hay hijos, se entregan por completo a la comunidad a la que pertenecen. Es una manera de ver la existencia. En la jerarquía, en su axiología, en sus prioridades, está esa forma de ser y de satisfacerse a ellas mismas.

Ahora bien, no importa el tipo que se sea según el eneagrama. Todo se conjuga por una historia personal, cultural, geográfica o debido a circunstancias de la infancia que te hacen relacionarte, de una manera u otra, con lo que te rodea, contigo misma y con los demás. Ciertas culturas, ciertas formas comunitarias refuerzan a veces ese comportamiento, que en algunos grupos se considera como un valor que no todas tienen. Por eso, quien llega a ser mamá de teta grande obtiene mucho reconocimiento social.

Hay mujeres de otro tipo, entre las que me incluyo, que jamás entregarían todo porque no es su modo de relacionarse con el mundo. Ser nodriza sí es parte de nosotras, pero no ocupa el lugar número uno en la jerarquía, ni es el todo, ni es nuestra razón de ser, ni el acicate central.

En mi caso, la prioridad es conjugada y ha dependido de las etapas de mi vida. Me explico: en algún momento lo importante era confeccionar el propio plan de vida y desarrollar mi existencia personal. Es decir, más allá de los demás, tenía que desarrollar y combinar el terreno de lo conyugal con el personal, el profesional y la maternidad, dándole sentido a mi vida más allá de los demás. Pesó mucho el plantearme cuestionamientos como: "¿A dónde voy? ¿Quién soy? ¿Estoy tranquila? ¿Estoy satisfecha?". El problema es que todo lo coloqué en el mismo nivel de relevancia, sentí que iban juntos. Era tan importante que yo estuviera bien, como que la pareja estuviera bien, o el trabajo... En esa época tenía veintitantos años, cerca de los treinta. Años después me cuestiono y me digo que en realidad eran pocas las cosas que debieron haber ocupado mi primer lugar.

Mis prioridades fueron muchas y el tiempo me enseñó que no es necesario que sean tantas.

Por ejemplo, la maternidad la ubiqué en el mismo sitio que la relación profesional y ahora me doy cuenta de que cada cosa lleva su tiempo.

Cuando acabas de parir, esa vida que depende de ti más que de nadie tiene que ocupar el primer lugar y no es tan compatible con un trabajo. No quiero decir que dejes todo, ni siquiera tu ocupación, pero en tu prioridad íntima, tu maternidad sí debe ser el número uno.

También entiendo que cuando tienes esa edad quieres hacer todo porque posees fuerza, porque tienes ganas. Crees que ese niño que nació toda la vida va a ser chiquito y te va a esperar, pero un buen día te das la vuelta y ya cumplió veinticinco años y ya se te fue de la casa y te invade la sensación de que pudiste hacer más.

Esta forma de ser de la que hablo no viene de la nada. Te cuento:

Soy la mayor de diez hermanos y ¡claro que fui una mamá de teta grande para ellos! Yo fui a destiempo mamá y no es broma. Lo fui a los tres años porque había gemelos y cuando yo tenía siete, éramos ocho y me convertí en la madrina del octavo. Yo me veo en ese tiempo como una mamá de teta grande tan severamente que por eso sólo parí un hijo, no quise más. Sabía lo que significaba, estaba al tanto de que era un asunto serio. Yo jugué con muñecas de verdad (tuve una de mentiras arrumbada en un clóset durante años), cambié muchos pañales y di muchas mamilas, antes de tiempo.

La lección que aprendí de esto es que con la vida vas entendiendo, poco a poco... Yo salí de casa de mis papás y me hice muy responsable de todo lo que me circundaba, hasta que llegó un momento en el que armé el rompecabezas y me dije: "¡Ah, esto me viene de aquello!". Porque mi madre no podía con tantos y yo le entré fuerte y vas aprendiendo. A todos nos pasa, al principio hacemos las cosas por un mecanismo de defensa o por reacción inmediata, sin saber por qué. Pero sólo el tiempo te lleva a dilucidar esos motivos. Cuando ahora veo a las niñas de tres o cuatro años, pienso: "¡¿Cómo le hice?!".

Mi mamá se excedió un poco. Por ejemplo, a pesar de que en su época no se usaba, ella contó con licenciatura y luego maestría. Además, fue campeona de tenis y tuvo una buena relación de pareja y Carmelita (que hoy tiene ochenta y dos años) era muy admirada porque tenía a los diez hijos, más el trabajo, más el deporte, más la pareja, más, más y más... y siempre hacía demasiadas cosas y a mí eso me pesó mucho.

De los diez hijos, salir adelante nos ha costado más trabajo a las mujeres porque el modelito fue muy pesado: había que ser buena en la casa, en la profesión, como pareja, en el deporte... ¡y no se puede con todo! Yo le aposté a todo y con el tiempo me percaté de que no era posible. Mis hermanas, más listas, hicieron menos cosas y han vivido más tranquilas. Yo he soltado muchos paquetes y ya no compito porque crecí compitiendo con mi madre hasta para ser madre ¡pero de los mismos hijos!

Ahora ya trabajo mucho en vivir ligeramente, es decir, he tenido que esforzarme para desprogramarme, quitarme ese sentido de responsabilidad tan acentuado con el que crecí. Hoy me parece que tengo mucha experiencia en ese territorio y me siento bien porque estoy viviendo una etapa en la que casi ya no hago cosas que no quiero hacer.

Todavía me ha tocado ser funcionaria gubernamental o administrativa en la UNAM o cosas de ese tipo y me sigue saliendo ese rol de mamá prematura de querer proteger a todos y que marchen bien. Pero ya estoy consciente de que no es eso lo que quiero y procuro evitarlo al no aceptar ese tipo de tareas.

En la vida quiero cargar con mis cosas, no la de los demás. Son paquetes que no me corresponden, que me quedan grandes o que me exigirán esa actitud que ya no deseo ejercer.

En mi caso fue muy diferente haber tenido un niño que una hija. De hecho, cuando estaba embarazada pedía con fuerza que fuera niño porque no hubiera sabido qué hacer con una niña. No estaba muy satisfecha con la forma en que a mi mami le había faltado —porque sí le faltó— esa parte más suavecita, como dirían los chinos, esa parte izquierda más sensible, menos dura, menos responsable, menos perfecta. Yo sabía educar hombres porque tenía siete hermanos, pero no sabía cómo formar niñas. A toro pasado pensé que hubiera sido bonito tener una niña.

La vida me dio un hombre y ahí cerré. Me preguntas cómo debemos educar a una niña sin que caiga en ser mamá de teta grande. Es una balanza porque te diría que tampoco quiero lo otro. No quiero una profesional muy especializada en lo suyo que sólo busque el éxito y se comporte como muchas mujeres que llegan a puestos importantes. No creo en la educación para formar una mamá de teta grande, que se hace a un lado para amamantar a los demás, pero tampoco a una mujer que agarra roles de hombre para cumplir exactamente con lo que la sociedad laboral le pide. Me parece que el péndulo tendría que estar en medio.

Sueño para nuestro país con niñas que sepan bien cómo ser mujeres, que asuman el papel que pueden llegar a desempeñar como madres y, al mismo tiempo, como personas responsables, profesionales, ganosas con respecto a lo que pueden hacer y gustosas de lograrlo y, sobre todo, que busquen la armonía, el balance y demás entre la vida personal y la vida pública.

Me dejas reflexionando en qué es ser mujer. Te diría que implica tener una antena omnidireccional porque siento que las mujeres hacemos muchas cosas a la vez. En general, a los hombres no los veo muy orientados hacia un solo punto a través de su antena; las mujeres, en cambio, pueden entretejer lo laboral con lo maternal, con lo personal. Es interesante cómo una mujer puede saltar en una conversación desde "¡Qué bonito color de cabello traes!" hasta cuestiones más serias, profundas o políticas, o de suma trascendencia en la vida cotidiana.

La mujer amalgama aspectos de distinta naturaleza al mismo tiempo. ¡Es una maravilla ser mujer! Significa saber captar la vida con sus matices y vivirla intensamente. Siento que somos más completas, más divertidas, más interesantes, con más saborcito…

Creo que eso al hombre le cuesta mucho trabajo, pocos de ellos he encontrado en la vida con esas características.

Hablando de hombres que ponen límites a las mujeres por ser mamás de teta grande, no me ha tocado ver muchos casos. Por el contrario, algunos se untan a la mamá y me refiero a que muchos buscan en sus parejas un prototipo de mamá, que incluso a veces se parezcan físicamente. En realidad, a mí no me han puesto límites por ser mamita en ocasiones. De hecho, los he visto incluso algo necesitados de mamá, necesitados de esa figura que los proteja, que los cuide, que les resuelva.

A los cincuenta años he descubierto que ya no soy capaz de proteger demasiado a alguien, es decir, más allá de lo que siento que es normal, que es cuando no te arrebata parte de ti y tú no estás sustituyendo la responsabilidad que él debería cumplir por sí solo y, quizá, donde ya no lo estás dejando crecer. Yo por ahí no cojeo, aunque es algo muy frecuente en general en las mujeres mexicanas. Mujeres de mi edad, que me rodean, entradas en los cincuenta, a las que oigo quejarse: "Di todo y el güey se fue con una más joven".

Es cierto. Me pregunto, ¿por qué hasta los cincuenta es cuando a una tiene que caerle el veinte de mucho de lo que sucede en su vida más productiva? Pasa con la maternidad, con pelear por una relación de pareja que cuando tienes veintitantos años no ves claro y, sobre todo, no cuentas con los ingredientes para hacer que se dé. Una no percibe con claridad por qué te vinculas con cierta persona hasta que transcurren los años: "¡Por supuesto, pero si aquel tenía mucho de mi papá!". La vida te brinda la oportunidad de armar el rompecabezas, pero en ese momento no lo ves y puedes aun nunca darte cuenta. Hay una gran paradoja en los gustos, en la manera de invertir el tiempo libre, la relación con el placer, con los viajes, con la Naturaleza. Una va encontrándole otro sentido, pero ya sin ganas de hacer que regrese el tiempo. Cuando me cuestionan: "¿Quieres tener otra vez veinticinco años?", les contesto: "¡Ni de chiste! Estoy muy a gusto como estoy".

Mi herencia materna me enseñó que en la vida hay que buscar siempre los medios, no los extremos, y en eso trabajo a diario. La madurez, para mí, es esta sensación de que las cosas van quedando en su lugar.

Talina Fernández

Fernanda, me preguntas hasta dónde sería capaz de dar de mí y mi respuesta es muy sencilla: hasta despellejarme. Ése es el grado de mi disposición a entregarme.

En mi lista de prioridades yo debo estar en el primer lugar, aunque no me percato bien a bien de ello. A veces, como muchas mujeres, no encuentro la fuerza para hacer tanto y no lo logro porque acabo al final de las prioridades.

Otro cuestionamiento interesante es si soluciono vidas ajenas y mi respuesta es negativa. Soy "metiche" y procuro ayudar a los demás, procuro sugerir y aconsejar lo que pienso que es mejor para ellos, pero no llego a esos grados extremos.

Sin embargo, soy protectora y, aunque sé que hay límites para todo, la mente te dice una cosa y el corazón, otra. Pongo un ejemplo: cierto día me interpuse entre mi marido y un señor que le sacó una pistola. En efecto, me puse como crucificada delante del galán porque un tipo lo amenazó con un arma (por fortuna, la situación no pasó a mayores). Fue como un impulso de "Yo recibo el dolor, tú no… yo te cuido". Sí, en efecto, tiendo a proteger.

Respecto de las mamás de teta grande, creo que la mía alcanza largas distancias. A pesar de que, como ya dije, sí me importan mucho los problemas de otros, sí me preocupo por la gente que me rodea.

El título *Mamás de teta grande* me hace imaginar a una mujer en Tlacotalpan tomando un torito de cacahuate y diciéndole a los muchachos: "Adiós, papacito, adiós, güerito"… y ya mayor de edad y rodeada de hijos, nietos, yernos, de todo el mundo, como una matriarca.

¿Que si yo vivo en un matriarcado? Pienso que sí, al igual que todas mis congéneres. La razón es muy simple: yo tomo las decisiones, yo reproduzco mi vida, yo invento todo lo que sucede a mi alrededor. La mayoría de los asuntos relacionados con la casa y con mi nieta los manejo yo. Desde luego, esto se debe a que mis hijos no son hijos de mi marido, ni mi nieta es su nieta biológica. De ahí que yo me haga cargo de esas decisiones.

De todas las mujeres del mundo, de Talina Fernández he aprendido todo. A veces me digo a mí misma: "Tú no eres feminista, eres mujerista". En definitiva, de las mujeres aprendes de todo, todos los días.

Hay muchos tipos de mujeres y, en efecto, algunas se comportan de manera muy servicial para sentirse queridas. Yo misma he pasado por esa etapa. En un momento de mi vida era la más complaciente del mundo. Por supuesto, entonces era más joven e insegura, y actuaba así con tal de que me quisieran. ¡Llegué a pagar para que me ocuparan!

Esta forma de ser no funcionó en mi caso y a estas alturas de mi vida ya soy exactamente como me muestro. Si me da la gana porque en ese momento me siento feliz, soy complaciente, no servicial. Si alguien llega a mi casa y me dice: "Quiero comer mejillones", salgo por la puerta de atrás, voy al súper, compro los mejillones y los cocino. Pero eso si se me sale del forro de la entretela. En cambio, en otro momento hubiera preparado los mejillones para que esa persona me quisiera. Qué diferencia, ¿verdad? Antes de tener total seguridad en mí misma, con tal de que un hombre me amara, me cortaba el cabello, no me lo cortaba, no salía, no miraba, en fin, acataba todo lo que me decían. Ahora, mi fuerza radica en mi soberbia y, algo paradójico, lo mismo sucede con mi vulnerabilidad.

Mencionas que la mujer actual trabaja con el overol puesto y luego tiene que cambiarlo por una falda cuando está frente a un hombre. En mi caso, yo soy veloz para hacerlo y hasta para ponerme corsé. Bueno, en realidad, eso era antes. Ahora ya me queda demasiado apretado…

Una característica que pienso que comparto con la mamá de teta grande es la manera en que protejo a mi marido. Vigilo siempre qué le pongo, si le pongo, lo obligo a ir al médico, le doy su medicina, le cumplo sus antojitos… lo cuido como a un hijo. Mi justificación es que lo merece.

Si parte de la descripción de la mamá de teta grande es ser protectora y vaciarse para darle a los demás, me parece que sí lo soy. No obstante, yo después me pongo el repuesto. A veces eso es muy cansado, dar tanto agota y luego, como no tienes dónde abrevar, debes hacerlo de ti misma.

¿Por qué somos las mujeres tan entregadas? Porque sabemos que de antemano hemos ganado, sentimos algo de culpa porque ellos no pueden ser mamás y carecen de muchas cosas que no les pusieron en el *chip*. Hasta cierto punto nos compadecemos de ellos, pues entendemos que no tienen de dónde sacar una serie de atributos que la mujer posee. Por consiguiente, hacemos sentir a nuestra pareja que es el rey del mundo, lo sentamos a la cabecera y le aseguramos que nadie tiene mejor caligrafía que "tu viejo". Necesitamos elevarlos porque yo creo que en el fondo ellos se sienten menos dotados, porque la vida no les dio la oportunidad de ser los grandes creadores. Eso hace que se dediquen a crear con la mente. Esto, aunado al cariño y a nuestro instinto protector, ocasiona que la mujer se convierta en una mamá de teta grande. Esa parte de la personalidad puede tornarse un tanto agresiva pues enfrentamos muchos problemas. Entonces volvemos a hablar de la soberbia.

¿Debemos dejar de ser mamás de teta grande en los días que ahora vivimos? En absoluto; si lo somos, así hay que salir, pero conscientes, sin que nos duela.

Supongo que esta costumbre de proteger al hombre es un asunto cultural latino que heredamos de los árabes, que dominaron a España hace cientos de años y luego llegaron a nosotros. Proviene de esas mujeres árabes que vivían tapando todas sus cualidades y sus características, y en la intimidad se desnudaban y protegían a su hombre.

No me identifico con los ejemplos que me planteas (el de la princesa encerrada que baja de la torre, mata a los monstruos e invita al príncipe a pasar a conocerlo, o el de la bruja que prepara pócimas para lograr lo que quiere). Más bien, lo hago con la mujer que no cree que existen los príncipes, pero que sabe que puede construirlos. Es decir, una sabe que los príncipes no existen, pero, con algo de producción y creatividad, te puedes fabricar uno, y si te sale de nariz grande, podría ser desechable.

Yo estaría lejos de calificar mi vida de pareja como la de un cuento. Si la contara en esos términos diría algo como: "Érase una vez una princesa que vivía con un príncipe y él no sabía que la princesa vivía con él, estaba distraído cazando dragones… La princesa se reveló varias veces y en diferentes formas, hasta que llegó a una edad en la que comenzó a darle pereza. El príncipe perdió el verdadero interés de ella, pero ahora es una mamá de teta grande y quiere morirse así…".

Si volvemos al punto de la protección a un ser querido, ¿hasta dónde esta protección? Hasta mi vida misma. Supongo que sí hay límites en casos que involucren, por ejemplo, a personas que no estén tan allegadas a mí, pero si hablamos de los de mi sangre, de mis hijos y mis nietos, no hay límite alguno.

Fernanda, me planteas la pregunta de si he mantenido a algún hombre con ánimo de protegerlo. ¡Desde luego que lo he hecho!, pero no con ese fin, sino buscando que pudiera acompañarme a los lugares a donde quería ir; si el pobre no tenía con qué, pues… yo sí le daba su ayudadita. Nunca me sentí mal por eso. ¡Ojalá tuviera más dinero para comprarme unos guapos y exquisitos muchachos! A mí no me da vergüenza. Eso de que vamos a tener una familia con los paradigmas de antes, las leyes de antes, cuando ya no se puede vivir con el sueldo de una persona y todas las leyes del juego han cambiado, es una estupidez. Si las mujeres esperan que los hombres de ahora las lleven de vacaciones, las mantengan y bla bla bla, muchas se van a quedar esperando sentadas.

Mi sugerencia es que besen a los sapos por el puro placer de besar a los sapos, pero que no esperen al príncipe porque no va a llegar. Pueden decidir construir uno: le quitan el bigote, lo perdonan por hoy y hacen de su fantasía una realidad.

El hecho de ser una mamá de teta grande me ha hecho llorar de cansancio, he sentido que ya no puedo más. Eso indica que lo más importante es tenerse a una misma y no depositar en el otro las expectativas propias. Aunque tengamos un hombre así dentro de nuestra vida y muchos iguales fuera de ella, es fundamental que las mujeres nos demos cuenta de que nos tenemos a nosotras mismas, que ya no vivamos en los ideales de los cuentos de hadas, que nos configuremos y nos creamos y nos construyamos nuestro propio cuento con base en nosotras.

¡Somos el centro de nuestra vida!

Ángeles Mastretta

Yo creo que las mujeres nos damos hasta donde demos, como las telas finas, pero hasta donde alcance sin lastimarnos. Ahora, no me parece que la gente que dé se desgaste, a no ser que cada vez que lo haga pierda algo de sí misma. Más bien, pienso que lo que se da, regresa. Lo que se gasta regresa, y si eso pasa con el dinero, más todavía con los amores. Dar nunca sale sobrando. Si no te lo devuelve la persona a quien le diste, te lo devolverá alguien más.

Todo sale y todo regresa, es victimizarse el pensar que no es así. Por ejemplo, mis hijos, con existir, ya me devuelven cualquier cosa que les haya dado. Puede pensarse que los hijos son ingratos, pero nosotros, a la vez, como hijos también lo fuimos y ya no lo recordamos.

De la misma manera resultamos protectoras. La vida se encuentra siempre en un franco equilibrio. Yo he sido protectora y a veces he dejado de serlo. Los seres humanos somos peligrosos, tenemos perfiles complicados...

¿Es posible que el que protege en realidad desproteja?

Creo que si uno es protector puede hacer a la gente indefensa, tenemos menos destreza para descobijar. Si nos rodeamos de personas inteligentes, buenas y audaces, aun estando protegidas estas personas se enderezan. Tal vez justo porque estaban más cobijadas son más fuertes para resistir ciertas cosas. A veces, cuando se protege de más a alguien, resulta un ser más vulnerable o menos hábil para ciertas cosas. Sin embargo, también lo vuelves más hábil para otras, por ejemplo, para querer y para ser generoso.

En la vida encuentras también mujeres que cobran por lo que dan, pero no me parece que su final sea positivo. Si tú proteges y al mismo tiempo sientes que te están haciendo una maldad, tal actitud es equívoca porque lo único que buscas es que vean cuán maravillosa eres. El asunto radica en la naturalidad de ser generoso, y es cuando no se espera retribución o reconocimiento.

Dar tiene que ser un regocijo. Uno no da para sufrir, uno da porque le gusta y porque le causa placer. Si lo hace para torturarse y desangrarse es una estupidez. Y dar para quedarse sin una misma es una barbaridad.

El chantaje no es sano, representa una falta de equilibrio interno. Es la forma en la que te pido porque pobrecita de mí, cuánto sufro y mira cuánto te doy. ¡Qué desgracia!

El prototipo de la mujer que da para que la quieran proviene de la fama creada por la madre de telenovela... la que llora, la sumisa pero controladora, la chantajista. Muchos se quedaron en aquel estereotipo que hoy lo veo más falso. No creo que abunde tanto como creemos, aunque tal vez estoy desencantando tu teoría.

Veo que muchas mujeres contemporáneas ponen el límite en el momento de empezar a sufrir. Éste es un ejemplo burdo, pero va relacionado con el sacrificio: yo viajo para promover un libro y lo hago sola. Héctor viaja para promover un libro y yo voy con él. Pero es porque yo quiero, a mí me gusta ir, no estoy sufriendo, estoy contenta de ir, de acompañarlo, contenta de estar con él y compartir. No es un sacrificio por mi condición de mujer o de pareja o por abnegada.

Todos somos codependientes, si bien no necesariamente la codependencia se convierte en enfermedad. Y es que todos somos dependientes de alguien o de algo en la medida en que nos relacionamos y afloran sentimientos.

Me he cuestionado acerca de si ese asunto de la independencia existe como tal. ¿Cómo alguien puede afirmar que no necesita a los demás? Por mi parte, yo dependo de mucha gente, no sólo de mi familia, no sólo de mi cónyuge y mis hijos, mis hermanos, mi mamá, no se diga de mis amigas...

¡Dependo hasta de mis directores de cine predilectos! Y muchas personas también dependen de mí y a nadie nos duele, vivimos en la mejor armonía posible, con estabilidad.

Si se da la luz, todos vienen a mi cuarto, eso es bonito. Puede una creer: "Todos quieren platicar conmigo". Que la luz se va, pues ellos también vienen y se quedan. Yo dependo de muchísima gente, sin lugar a dudas. Es acorde con nuestra naturaleza, por eso nos unimos en comunidades de muchos tipos.

Yo digo que soy lunática dado que tengo la propensión a observar, por ejemplo, a qué hora salió la Luna y de qué tamaño está. Hay gente que no la ve, yo la veo con enorme frecuencia y sé que hay cosas que me suceden debidas a la Luna, cosas como amar, la marea... La Luna está allí. No te pide nada y ¡te regala tanto!

En cuanto a la existencia de mujeres nodrizas que permanecen como tales por miedo de ser abandonadas y que actúan impulsadas por la ansiedad de satisfacer al otro, me parece un error. No es positivo vivir declarando: "De mí dependen los demás" o gritando al mundo: "Yo sé que soy esa teta grande y protejo a mi pareja", porque nadie puede despojarte de tu esencia a menos que tú lo permitas. Y si ya no tienes nada para dar, ya no te tienes a ti misma. Por supuesto, algunas mujeres lavan ajeno mientras sus maridos se emborrachan, pero creo que los tiempos de ellas y su visión son muy limitados.

Desde que iniciamos nuestra relación, Héctor y yo no hemos vivido de regateos. Entre nosotros se divide, se suma, se aporta, y mis hijos lo viven así con una enorme naturalidad. Ha sido un asunto educativo.

Mi mamá era fuerte, quedó viuda cuando tenía cuarenta y seis años y fue como si hubiera terminado ese capítulo. Cerró de tal manera la puerta que dijo: "Yo lo que tengo en

la vida son mis hijos y a ellos me dedico para ~~~
Con seguridad fue una mamá de teta grande por un tiempo
a manera de protección, pero no de las chantajistas; es una
mujer muy inteligente, se recibió de antropóloga. Cuando
vio que nos íbamos de su lado nunca preguntó: "¿Por qué
me dejan?". En casa no hubo engaños, hay muchos hijos
que retroalimentan la condición boba de su mamá.

Me parece horrible la frase de si no me entrego hasta la
coronilla no me va a querer, pero eso pasa cuando algunas
mujeres se enamoran. Yo me enamoré sin pretender eso. A
lo mejor en mi relación con Héctor muchas veces pensaba
que yo puse más al principio, sobre todo cuando empezamos
a vivir juntos. Pero, en realidad, la vida te va compensando.

En un inicio yo monté el escenario, él llegó y puso todo
lo que tenía, quizá no tan rápido como yo. Ahora los dos
confiamos en que hay una fogata a la que se le va echando
leña para mantener el nivel del fuego.

¿Estamos educadas para complacer? Tu pregunta me recuerda un libro que vi en un aeropuerto titulado *Libérese
de la obligación de complacer a los demás*, es de una autora
estadounidense, y me quedé con la frase porque pienso que
sí debemos liberarnos de esa forma de ser.

Se premia cuando complaces socialmente, se premia incluso
con una palmadita en la espalda si le das gusto a alguien, se
premia con el reconocimiento, se premia por procurar, por
estar presente aunque no se quiera estar... son condiciona-
mientos humanos.

Hay mujeres que se relacionan con hombres niños que
demandan como tales y hacen pataletas porque quieren más
y más. Creo que todos los hombres son niños, que todos
quieren ver la tele en el canal que se les antoja y esto puede
ser muy complicado en la convivencia. Alguien debe ceder,
alguno de los dos necesita explicar que hay bordes y que si

chocan éstos, se rompen. Hay mamás que no educaron a sus hijos y, por tanto, éstos buscan a una pareja que los eduque y los limite.

Al hablar sobre este tema me quedo con que una ha de dar todo lo que tiene antes de perderse a sí misma. Todo lo que requerimos es trabajar en nuestro existir, enriquecernos, crecer por dentro, ser felices, estar contentas, acatar la adversidad. Hay asuntos, como la muerte de otros, que son tragedias y te invitan a la adversidad, porque no pienso que la adversidad sea que un señor te pegue y continúes viviendo con él. No, la adversidad es que se mueran aquellos a quienes quieres o que te enfermes, y ésa debes saberla acatar, sobrellevar y contrarrestar. Lo otro son gustos y complicidades.

El tiempo te sirve para lamentarte o para vivir... Yo me quedé huérfana muy chica, tenía diecinueve años, pero mi edad mental era como de catorce. Entonces me sentí inerme y con la sensación de que la vida había sido injusta conmigo por lo que me sucedió. Dediqué mucho tiempo a lamentarme hasta que dejé de hacerlo, hasta que me di cuenta de que no te puedes quedar anclada en esas circunstancias, que todo te lleva a un aprendizaje, finalmente.

La ausencia de mi padre ha sido una gran lección dentro del dolor. Aprendí a fortalecerme a ratos... tienes que estar contigo a solas, pero si nunca lo estás debes darte tiempo de volver a forjarte, tiempo para pensar en ti, para escuchar música y quedarte anclada en ella y comunicar tus rodillas con lo que estás oyendo, tiempo para leer, para ir al cine, para conversar sobre lo que te interese, para ver a través de la ventana... para ver la luna.

El síndrome del nido vacío es real y es algo que no debes acariciar ni consentir mucho. Llega y se queda en la medida en que tú no eres tu mejor compañía. ¿Cuán bien te caes a ti misma? Por ejemplo, yo tuve unos hijos que me dejaron ser adolescente, que me dieron entrada a sus películas, a sus canciones, a sus obras de teatro, a sus conversaciones, a sus desayunos con todos sus amigos. Digamos que así prevalecí con ellos mucho en ese medio y la pasé muy bien, pero en el momento en el que mis hijos dijeron: "Con permiso, mamá, ha sido maravillo estar contigo, pero tenemos que irnos a otra parte porque nuestros corazones, nuestras vidas, están allá ahora, lejos de ti. Ya no vamos a jugar contigo, aún eres nuestra amiga, pero ya no queremos estar aquí, ya no te vamos a entretener", eso te da algunas atribuciones enormes. Por supuesto, me causó mucha tristeza. Acostumbraba ir al cine con mi hija tres veces por semana y cuando se hizo novia de un chico, de buenas a primeras empezó a ir al cine con él tres veces por semana y conmigo ya no… No me quedó más remedio que salir de ahí. El síndrome me duró unos tres meses de decirme: "¡Qué barbaridad!", pero luego me convencí con un: "Ya, ¡basta! Así tiene que ser y no me voy a amargar el resto de mis días porque no voy al cine con la misma niña".

Fernanda, hoy te comparto lo que no quiero ser e, insisto, si das mucho la vida seguro te lo devuelve por otro lado.

Cristina Saralegui

Hablando de la familia, puedo decirte que por mi familia he dado mucho y por mis hijos ¿qué no daría? Esto es parte de nuestro rol como mujeres.

En la lista de mis prioridades yo me sitúo en primer lugar y hay una razón de peso para ello: muchas familias dependen de mí. En nuestros proyectos contamos con muchísimos colaboradores cuyo sustento se relaciona directamente conmigo y con mis responsabilidades. Al principio esto me causaba mucho estrés, pero con el tiempo he aprendido a cuidarme y a delegar algunas de mis actividades. Como dice un dicho muy viejo que conozco: "Hay que cuidar a la gallina de los huevos de oro". Y, en mi realidad, en lo que me rodea, yo soy ésa.

Mi naturaleza me impulsa a escuchar y opinar sobre la vida de otras personas y creo que ejerzo cierta influencia sobre algunas vidas ajenas. Éste es mi trabajo, al cual le destino parte de mi fuerza y el cual me tomo muy en serio.

En cuanto a los límites en la protección que le brindo a los demás, estoy convencida de que a la gente, a los hijos, hay que enseñarles a valerse por sí mismos. Esto es lo más importante que he intentado enseñar. Llega un punto en nuestra vida en el que debemos asumir responsabilidad total por lo que somos o queremos ser. Se puede proteger, pero hasta donde es saludable

Los límites deben ser guiados por el sentido común y, en mi vida, eso no es problema. Soy una mujer que me rijo por el sentido común.

De mi mamá aprendí lo que yo hoy le enseño a mis hijos y comparto con mi familia. Cuando me necesitan, ahí estoy con un consejo o una opinión y, si es necesario, con apoyo financiero, pero me gusta que las personas se hagan responsables de sus vidas... no estoy para boberías.

Yo no vivo en un matriarcado, vivo en una familia. Comparto la responsabilidad y los frutos con mi esposo y nuestros hijos. Hace apenas unos meses perdí a mi mamá. Ella tenía una relación muy parecida con mi padre (ya también fallecido) a la que yo llevo con Marcos, mi esposo. Somos un núcleo hermético que conspira contra las interrupciones que nos presenta el mundo.

Como mujer he aprendido el valor de ser mamá y la importancia de unir a la familia. Asimismo, que procrear es una necesidad de nuestro sexo, que somos la columna vertebral de la familia, y que con amor, ternura y perseverancia todo lo podemos lograr.

Si debo definir cuál es mi fuerza, diría que es el desprecio a perder y mi vulnerabilidad, que a veces me cuesta trabajo aceptar los cambios bruscos con los que la vida me ha sorprendido.

Sé que para la mujer en general es difícil deshacerse del overol y ponerse la falda. Yo llevo veintitrés años de matrimonio con Marcos. Él se encarga de quitarme el overol y la falda y yo no pongo resistencia alguna.

En el mundo profesional, con mi equipo de trabajo soy dura, exigente, muchas veces impaciente, pero siempre procuro ser justa. A este mundo le falta mucha justicia y trato en mi entorno más cercano de trabajarla. En el programa se me han llegado a salir lágrimas ante alguna injusticia. En lo personal, no soy de llanto fácil. He llorado mucho la muerte de mi padre y la de mi madre, muchísimo.

¿Soy protectora? Sí, lo soy, de la gente que quiero. De su bienestar. De la salud. ¡La salud es tan importante!

Me preguntas, Fernanda, si hay mujeres que se vacían para darle a los demás. Sí las hay y me parecen bastante pendejas. Dan tanto de ellas que no las respetan. Conozco algunas... Cuando pienso en una mamá de teta grande, no me viene la imagen de una mujer proveedora, ni de alguien que nutre a los demás; por el contrario, de inmediato viene a mi mente un término: dolor de espalda. Por eso me hice una reducción de busto hace dos años.

Yo soy de teta grande, pero en un nivel más elevado. Soy de teta grande por lo que significo para las personas que dependen de mí en lo que se refiere a la realización de su trabajo o la venta de sus productos. No me puedo permitir muchos lujos de este tipo, creo que siempre he pensado más como un hombre.

Desde luego que un día descubrí que buscaba resolverle la vida entera a un hombre. La solución fue sencilla: me divorcié de él, me negué a mantenerlo, entre otras cosas. Eso no va conmigo, merezco más que pretender algo que no me hace feliz.

La desventaja de una teta grande, a la que todos acuden para chupar y después marcharse, es que no hay equilibrio. Todo en la vida es balance. A veces hay que dar y a veces hay que quitar. Si te chupan todo, entonces te quedas sin reservas, te extingues.

En el fondo del alma de estas mamás de teta grande me imagino que hay baja autoestima.

Una pregunta interesante es si la protección al hombre por parte de la mujer es un asunto cultural latino. A mí me parece que no, es cuestión de amor.

Hablando de los cuentos de hadas, no pensé vivir uno. Ahora sí. Antes de conocer a Marcos no creía que una podía enamorarse de esa manera. Sé que fue igual para él. Todavía cuando recordamos esos tiempos no lo podemos creer.

El cuento de hadas de mi vida se escribe como sigue: "Érase una vez una princesa que luchaba a brazo partido, trabajando arduamente con una hija pequeña y apareció un príncipe de donde menos lo esperaba y me dio fuerzas para volar más alto y juntos creamos nuevos horizontes que alcanzar y nuevas metas que lograr. Él me dio fuerzas y yo le di fuerzas y logramos lo que parecía imposible crear: una familia bonita, un hogar de paz y amor". Me parece un cuento precioso, con un final digno, como creo que deben ser todos los finales.

La mujer es la reina del mundo
y la esclava de un deseo.

HONORÉ DE BALZAC

105

3. Qué nos dicen algunas tetas grandes de la historia

En este capítulo hablaré sobre mi conversación con Alberto Soto Cortés, maestro en historia, acerca de quiénes considera él que pueden haber sido mamás de tetas grandes en diferentes momentos de la humanidad.

Más adelante encontrarás casos de mujeres que por ser mamás de teta grande han perdido todo. Y lo más impactante es que en algunas identificarías con facilidad a tu hermana, tu prima, tu hija, tu mamá…

La siguiente es una combinación de los comentarios de este prestigiado especialista y de los míos.

Alberto, estamos hablando de analizar al tipo de mujer que es una mamá de teta grande, esto es, que resulta en extremo protectora, servil, que siempre extiende la mano buscando con desesperación sentirse reconocida y querida. Aquella mujer que se caracteriza por resolverle la vida entera a la otra persona.

Esta mujer "agarra parejo": hijos, marido, trabajo. Presume de poder con todo, aunque muchas veces se enferme y acabe sola. Si bien, sin advertirlo, se convierte en un dolor de cabeza, ella es la solucionadora número uno, la teta grandota a la que uno se acerca, chupa y se va. Esto sucede con nuestro país: todos le quitan, le quitan y no le dan. Y el fenómeno no es único de nuestra época y nuestro entorno. Podemos hablar de muchas mujeres de la historia, y de cualquier civilización, que poseen estas características.

Debe haber un número importante de mujeres de este tipo en la historia, aunque no contamos con muchos detalles acerca de su vida y de su manera de actuar. Todo lo hacen en función de engrandecer la figura de un hombre y, por tanto, esto no queda consignado. Se registra sólo lo que esos hombres lograron.

Uno de los ejemplos clásicos de estas mamás de teta grande es el de Antonieta Rivas Mercado, quien sostuvo toda una cadena de amores tormentosos: desde Manuel Rodríguez Lozano hasta José Vasconcelos. Sin descuidar su labor como madre, ella tuvo que dar todo: su tiempo, su actuación, su fortuna, su prestigio, hasta el punto de orillarla a suicidarse en Notre Dame, en París.

¿Por qué se suicidó? Porque fue abandonada por todas sus amistades y contactos. Desesperada, a los treinta y tres años de edad —cuando muchos consideran que aún están por llegar al punto culminante de su vida, a la mejor etapa de su existencia—, ella determinó que no había conseguido lo que más anhelaba: el reconocimiento y el amor de estas personas... y se dio por vencida.

Otra figura femenina con las mismas características es Carmen Romero Rubio de Díaz, a quien conocemos como la feliz esposa del dictador mexicano Porfirio Díaz. Esta mujer es en sí un caso excepcional: se casó con un hombre que podría haber sido su abuelo, llevada por la determinación de salvaguardar los intereses de sus hombres, en primera instancia de su padre, quien había sido enemigo de Díaz. Su boda le permitió asegurar la carrera de su progenitor... ella se casaría con el peor enemigo de éste, quien con este matrimonio tendría más control sobre Díaz. Aun sin amarlo, ella se mantuvo fiel al presidente y fue el sostén de su carrera política, el sostén de la familia del propio Don Porfirio. Sin embargo, su actitud provocó que quedara relegada en la historia.

Tanto Carmen Romero Rubio como Antonieta Rivas Mercado perdieron varios aspectos fundamentales por cederlos a los hombres, entre ellos, la oportunidad de haber forjado una vida distinta y quizás haber tenido un final más dichoso que el sufrir los vaivenes propios del papel de compañeras de esos personajes con poder.

En mi opinión, estas mujeres se sacrificaban. Y no sólo ellas; en el entorno político casi todas las mujeres que se encuentran detrás de hombres de este tipo siempre desempeñan un papel polémico y de lucha diaria. De alguna forma comparten estas características.

Solemos ver a las primeras damas como personajes bastantes oscuros, pero al indagar acerca de sus vidas, nos percatamos de que constituyen grandes tragedias. Y es que se erigen en el sostén total de sus familias y asumen la responsabilidad de conseguir que sean funcionales a pesar de la disfuncionalidad a la que las orilla la carrera política de sus parejas.

En otros ámbitos, por ejemplo entre los artistas, es muy común que las mujeres se conviertan en sus promotoras o contactos y vínculos con el exterior, prácticamente en las madres de estos personajes.

Mucho se ha hablado al respecto.

Tenemos, por ejemplo, a dos figuras como José Luis Cuevas y Salvador Dalí. Sus parejas —Berta Cuevas y Gala— actuaban como las madres protectoras de estos artistas. Dichas mujeres, aun sin procrear descendencia, asumieron el papel de ser las protectoras, el contacto, las interlocutoras con el mundo exterior y las facilitadoras de todo lo material para sus parejas-hijos.

Las mujeres de teta grande rebasan la línea de lo que tendría que ser una pareja, es decir, dejan de compartir para pasar a ser solucionadoras de problemas. Esto sobre todo a partir de nuestro concepto actual de pareja. Habría que ver también su actuación en el ámbito del desarrollo de la cultura y de las ideas que se mantenían en otros tiempos de mujeres sumisas, abnegadas, pero que ejercían el control sobre quienes las rodeaban.

Si ahondamos en el desarrollo de la cultura en otros tiempos, vemos que se esperaba que la mujer cumpliera con el papel de consolidadora del ámbito social: debía ser protectora, administradora, en fin, un poco de todo.

Algunas mujeres se convirtieron en prototipos. La figura de la ya mencionada María Antonieta Rivas Mercado es muy clara en ese sentido. Se critica el rol que ella asumió, de abastecedora material y protectora, incluso política, de un grupo muy grande de amigos, en especial de su hombre, José Vasconcelos.

Estos prototipos impulsaron la permanencia de este tipo de cultura en otras mujeres, en otros ámbitos.

¿Será que en otros tiempos era mucho más fácil que la mujer fuese una mamá de teta grande? Me parece que sí. Hasta hace pocas décadas, por lo menos en nuestra cultura, la mayoría de las mujeres ejercía la abnegación día tras día. Su vida transcurría en el centro de una serie de conceptos que las convencía de que debían entregarse sin condiciones a la otra persona por una cuestión de misión divina.

La sociedad también se los exigía. Sostengo la tesis de que, como la naturaleza ha generado más mujeres que hombres con la intención de facilitar la supervivencia de la especie, los varones han estado mucho más liberados y confiados en ese aspecto, porque siempre ha existido una mujer que los tolere.

Estas mujeres, estas primeras damas en uno de los ejemplos mencionados, al lado de grandes hombres, son las que los impulsan mientras ellos se sitúan bajo la luz de los reflectores. No se cuenta con datos sobre su sexualidad, pero se han realizado estudios acerca del papel de la mujer dentro del matrimonio. Lo que estas investigaciones sugieren es represión a este respecto. ¿Por qué? Porque el hombre que se consideraba a sí mismo o era considerado por los demás como una persona respetable, pensaba que la mujer con la que había contraído matrimonio era el eje de su familia y no tenía por qué asumir además el papel de una excelente amante o algún otro. Bastaba que fuese una maravillosa administradora del círculo familiar y reproductora de los valores que ese varón aceptara como válidos. Como es natural, esto representaba un freno para que la mujer diera rienda suelta a sus deseos en este sentido y la dejaba presa de la frustración.

La mujer es mamá de teta grande, bien sea soltera o casada, con hijos o sin ellos. Es decir, el papel histórico de la mujer es ése. Es una situación preponderante y con seguridad no desaparecerá hasta que surja una renovación o revolución cultural, o una revelación por los roles actuales de la pareja.

En mi opinión, llegará un momento en el que distintos grupos sociales cada vez más amplios se percatarán de que es necesario ampliar las expectativas de los seres humanos y de las sociedades.

En nuestros días estamos desarrollando o reproduciendo un mismo sistema social que en definitiva no nos lleva a parte alguna. Basta recorrer el mundo y darnos cuenta de que no es distinto en otras partes.

Los descensos demográficos que presentamos son un reflejo de esa conciencia que se manifiesta. Y es que, a pesar de las aparentes transformaciones, la sociedad tiende a mantenerse constante. Esto es, las mujeres que pertenecen al grupo de mamás de teta grande no sólo no está disminuyendo —como parece—, sino que se mantendrá. Quizá la cultura misma seguirá reproduciendo el modelo. Eso dicta nuestra cultura.

En ocasiones, la sociedad abiertamente promoverá que las mujeres se comporten de esa manera y en otras, lo hará en forma un tanto encubierta.

Pero esa característica prevalecerá como un valor muy importante para esta cultura.

Creo que día con día aumentará el número de mujeres que quieran ser madres por el gusto de serlo, por el placer y la conciencia de aportar algo diferente a la humanidad y no sólo por la obligación o la presión social de que por su género tienen que buscar la procreación de manera forzosa.

¿Qué hay detrás de estas mamás de teta grande? ¿Cuál es el motor que impulsa a las mujeres en la historia de varios continentes para serlo?

En esencia, yo diría que consiste en la presión social y en la convicción de que así cumplen con la misión de ser mujer. Tienden a pensar que esa misión, a fin de cuentas, es proteger, alimentar, sanar… es ser mamá aun de su pareja… y, si lo toleran, del papá de la pareja y de todos los seres cercanos pertenecientes al ámbito masculino.

112

Antonieta Rivas Mercado

Quisiera ahondar en la vida de Antonieta Rivas Mercado para entender mejor este aspecto de mamá de teta grande. Ella nació con el siglo XX, hacia el 1900, en el seno de una familia poderosa en el ámbito económico e influyente en el social, prestigiada y adinerada. En su juventud, a Antonieta le tocó vivir la transformación social, la violencia, la vorágine revolucionaria y participar en una generación de artistas y pensadores que imaginaban o intentaban construir otro México. Sin embargo, muchos de estos artistas y pensadores —entre ellos José Vasconcelos— utilizaron el prestigio y el dinero de Antonieta Rivas Mercado para acceder con mayor facilidad a otras esferas de poder.

Como siempre, la involucrada fue la última en tomar conciencia de tan desafortunada situación. Se trata del clásico caso de una mujer que lo dio todo con el afán de obtener algo de amor y gratitud a cambio. Su fin, como ya mencioné, fue más trágico que el de muchas mamás de teta grande, aunque en infinidad de ocasiones serlo significa para muchas mujeres el quedar solas y vacías cuando ya no son de utilidad para sus "depredadores".

Hay algunos otros casos de mujeres que, si bien no fueron madres, de alguna manera establecieron este tipo de relación fuerte madre-hijo con una determinada persona.

Isabel I de Inglaterra

Tomemos como ejemplo a Isabel I de Inglaterra, sobre quien se ha filmado un sinnúmero de películas y documentales. Ella vive en una época muy interesante del siglo XVI.

Declarada hija ilegítima del primer rey protestante, Enrique VIII, tuvo que sobreponerse a esta ignominia y realizar toda una serie de movimientos dentro de la corte para poder gobernar.

Isabel otorgó su preferencia al conde de Essex, cerca de cuarenta años menor que ella, y le permitió ejercer gran influencia en Inglaterra. Puso en peligro la estabilidad de todo un reino por favorecer a su amante, pero lo que la hace una mamá de teta grande es que, por su juventud, él poseía las características de un hijo y ella lo protegió hasta el final como si lo fuera.

Carmen Romero Rubio

Por su parte, Carmen Romero Rubio fue una joven educada según los cánones de la sociedad del siglo XIX en México. Su principal objetivo era contraer matrimonio con algún personaje de su círculo social y convertirse en madre. Algunos de sus atributos eran que hablaba inglés y tocaba el piano.

Ella sostenía una relación de carácter platónico con Sebastián Lerdo de Tejada, entonces presidente de México, quien era su padrino. El gran enemigo de Lerdo de Tejada, Porfirio Díaz, había ya intentado derrocarlo. Cuando por fin lo consiguió, Lerdo de Tejada huyó a Nueva York. Entonces, Díaz comenzó a cortejar a Carmen y prácticamente la forzó a casarse con él. A mí me parece que en cierta forma este hecho constituyó también una venganza contra Lerdo de Tejada, pues significó arrebatarle lo que más amó.

Quizás en algún momento Carmen le envió a este último cartas a Nueva York en las cuales le explicaba la situación y, a sabiendas del dolor que esto podía provocarle, le informaba acerca de su próximo matrimonio con el general Díaz.

Lo que la convierte en mamá de teta grande es que ella tomó la decisión de casarse con Porfirio Díaz sin amarlo por ayudar a su padre y a solicitud de éste. Su padre había pertenecido a un grupo político contrario al que en ese momento gobernaba; era el segundo hombre en importancia de un grupo muy cercano a éste que integró Benito Juárez. Por su parte, el general Díaz era de una agrupación política que en ese momento gobernaba. Una forma de seguir conviviendo con el poder fue promover que su hija Carmen se casara con Díaz, lo cual significó para ella la renuncia total a su proyecto de vida, que parecía ser estar al lado de Lerdo de Tejada. Pero, haya estado o no enamorada del presidente derrocado, es extraño que la hija de un personaje termine casándose, por interés del padre, con el peor enemigo de éste. De tal manera consiguió que su progenitor pudiera regresar al país, continuara ejerciendo influencia política y ocupara nuevos cargos en la administración pública.

Y, como ya mencioné, a pesar de las circunstancias y de sus verdaderos deseos, Carmen siempre apoyó a Porfirio Díaz y se comportó con lealtad hacia él.

¿Son las mamás de teta grande mujeres usadas sin tener conciencia de ello? Yo no recurriría a ese término. Tal vez actuaban sin prestar demasiada atención a la situación que vivían, pero con seguridad llegó un momento en el que tuvieron que percatarse de ella. Recordemos que el círculo en el cual se desenvolvían y la forma de pensar de la sociedad que las rodeaba tampoco les permitían comportarse de otra manera.

Creo que el primero de los precios que estas mujeres pagan podría ser una cadena de frustraciones con respecto a sus sueños, a lo que algún día, cuando niñas, imaginaron. Otro es el ya mencionado: quedar con esa sensación de vacío y abandono al terminar cada relación o al final de su vida, al ver que con sus hijos reprodujeron un sistema que provocará que otras mujeres corran con la misma suerte que ellas, esto es, que se perpetúe esta conducta a través de las generaciones.

Toda esa frustración se resume en una palabra: ingratitud. Un ejemplo de ingratitud es cuando una mujer —o un hombre, en algunas ocasiones— lo da todo y al fin del proceso se le acusa de haberse entrometido demasiado en la vida de sus familiares u otras personas, de haberles cortado las alas para obtener sus propias herramientas o lograr su propio desarrollo.

Algo curioso desde el punto de vista antropológico es que una mujer que asume su vida o sus acciones como mamá de teta grande, a fin de cuentas, acabará por reproducir ese sistema en sus hijas. En el grupo femenino que gire alrededor de ella no faltará quien continúe con esa misma tradición y educación. Después de todo, los seres humanos repetimos lo que nuestros padres protectores nos enseñaron.

Ahora bien, en el siglo XXI que apenas comienza, en el ámbito urbano (llámese Ciudad de México, Monterrey, Puebla, Guadalajara o cualquier lugar de América Latina) se observa una tendencia distinta, se aprecia el deseo de dejar de ser una mamá de teta grande —es una idea más constante— y avanzar hacia otras actitudes y logros por parte de las mujeres. Sin embargo, en el ámbito rural prevalece aún esta clase de formación y de postura ante la vida. A fin de cuentas, lo que resulta más difícil de transformar en una sociedad, en un país, es su mentalidad. Se requieren procesos de cien o ciento cincuenta años de duración, hasta que surjan cambios y la orientación sea por completo distinta.

Se trata de una tendencia cultural pasajera. En esta sociedad en la cual la competencia ha adquirido un papel preponderante, en la que todos debemos competir contra todos por cualquier cosa y contar con el mejor vehículo o la última tecnología en telefonía celular, se aprecian mucho los patrones de conducta distintos. Por ejemplo, la mujer que es viuda a los cuarenta años y comienza a rehacer una relación de pareja, es aceptada en los ámbitos urbanos contemporáneos. Sin embargo, ésta es una cuestión, en mi opinión, pasajera.

Tomemos como ejemplo el caso de Suecia, que es una sociedad reconocida como altamente liberal, donde la tasa de matrimonio es mínima, tal vez cinco por ciento, ya que por lo regular sus habitantes prefieren la unión libre. Pues bien, ahora se está retornando a la búsqueda de valores tradicionales. Por ejemplo, los varones buscan casarse con mujeres asiáticas y latinas, lo que implica que desean restablecer estos tipos de esquemas familiares tradicionales donde la mujer se dedica a cocinar, lavar, cuidar la casa y atender a los hijos. Se olvidan ya de las parejas liberales.

Algunos disienten en cuanto a que el asunto es propio sobre todo del ámbito rural. Sé que un muy buen número de mamás de teta grande son mujeres educadas que habitan en ciudades grandes y pequeñas por igual. Ellas, muchas veces llevadas por la soledad y muchas otras, por el ansia de ser apreciadas, por la conveniencia, por el miedo y, sobre todo, por el amor, se esfuerzan por solucionarle todo al de al lado sin que éste se los pida. Lo que esperan es que la otra persona se dé cuenta de cuán finas y cuán adorables son ellas. Lo que esperan es recibir a cambio un comentario amable, un poco de cariño, de agradecimiento, el reconocimiento de que sin ellas no podrían subsistir (cuando en realidad en el fondo sí tienen esa capacidad).

No obstante, insisto en que la tendencia a ese respecto ha cambiado. No niego que mujeres como las recién descritas las hay en todos los ámbitos, pero habría que dividir o diferenciar otras actitudes. Algunas mujeres asumen esa posición porque provienen de tradiciones matriarcales. En su caso, ellas piensan que su misión es velar por los intereses de todo su grupo y se echan a cuestas diversas responsabilidades que quizá no les competen. Por otro lado, algunas que no provienen de estas tradiciones desean conseguir aceptación por medio de su intervención en los asuntos de los otros.

Aquí cabe hacer notar que hay mujeres que logran hacerlo maravillosamente bien y se convierten en el centro de la vida de todos los demás. ¡Ah!, pero también hay otras que obtienen resultados muy negativos porque el círculo para el cual trabajan no es sensible y consideran su modo de actuar como una gran intromisión.

Como mencioné, la búsqueda del amor o del reconocimiento puede ser una motivación para convertirse en una mamá de teta grande, y acaso también algo de temor, el decirse: "Es lo que debo hacer, lo moralmente correcto".

Me parece que podría haber infinidad de definiciones de lo que es ser una mujer de teta grande, cada una tiene una historia particular. Lo que es muy cierto es que nuestra sociedad aprueba esta personalidad, la considera como característica del ser mujer, quien debe actuar con abnegación. En consecuencia, si una mujer se sacrifica por otro, tiende a pensarse que todo anda bien, es algo natural.

La emperatriz Carlota

Otra mujer de estas características es Carlota María, la esposa de Maximiliano, a mi modo de ver, una de las más geniales —usando la palabra genial en su sentido más puro— que han existido.

Carlota fue en extremo inteligente, con grandes ambiciones; después de todo, había nacido en una familia de sangre real, por lo que sus aspiraciones eran propias de estas personas.

Durante todo el tiempo que compartió la vida con Maximiliano, ella compensó las carencias y debilidades de su marido. Incluso, al percatarse de la imposibilidad de concebir un hijo, Carlota intentó solucionar el problema y buscó vías de adopción para poder dejarle a este país un heredero.

Además, el hecho de que, cuando la situación política llegó a su punto álgido, ella viajara hasta Europa a rogarle al Papa su intervención y su ayuda, la hacen, en mi opinión, una de las figuras más destacadas en este sentido.

Carlota no trató a Maximiliano sólo como a su marido, sino como a un hijo. En cierto momento buscó encargarse de los asuntos de toda una nación, apoyándolo como una madre podría hacerlo con su vástago.

En la cotidianeidad, una mamá de teta grande como las que analizamos en este capítulo están atentas al desarrollo de los individuos que las rodean en diversos entornos, pero no al propio. Es decir, los arropan con su fortaleza tanto espiritual como física, que es una de las características de cualquier madre, sobre todo las de este tipo.

Eva Brown

Hay muchas otras mujeres que desempeñaron este papel en la historia. Un caso sumamente controvertido es el de Eva Brown, acerca de quien se ha escrito y discutido mucho, en particular lo relativo a su estado de salud. Pese a que no me especializo en el tema de la psicología y no puedo calificar con exactitud cuál era su relación con Hitler, muchos afirman que era en extremo patológica. Y, bueno, tendría que serlo para cualquier mujer que hubiera servido como soporte de una persona como él. En múltiples estudios se ha intentado indagar qué tipo de personalidad tendría Eva Brown para aceptar sin condiciones la vida con un hombre con el carácter de Adolfo Hitler. En efecto, se ha especulado que éste era homosexual, yo no lo aseguraría. Una persona de esas dimensiones con seguridad vivía una sexualidad quizás algo distinta a lo que se considera convencional.

La manera en que Eva Brown renunció a su vida, sobre todo en los últimos días del poderío de Hitler, la convierte en una mujer de sacrificio. En esencia, ella renunció a seguir viviendo, renunció a todo aquello a lo que tenía derecho. Cuando alguien decide entrar a un búnker, puede decirse que acepta ser enterrado vivo, en particular Eva, que acompañaba al líder que en ese momento era el más detestado por el grupo ya triunfante, el de los aliados.

Ella sabía que no tenía escapatoria alguna, cuando que, dado que siempre pasó inadvertida, pudo haber salido de Alemania y terminar en Brasil o en otro país. Pero, al aceptar esas circunstancias, lo que hizo fue poner el reloj de arena a funcionar. De ella conocemos poco como para establecer con seguridad si entra en la clasificación que aquí hacemos, excepto que sus acciones la convirtieron, como ya mencioné, en una mujer autosacrificada.

Frida Kahlo

Se ha hablado a raudales del caso de Frida Kahlo y la relación tan rara que sostuvo con Diego Rivera, un hombre muy reconocido en los años 1940 y 1950. La figura prestigiada entonces fue Diego, no Frida. Ella adquirió fama hasta años posteriores. Muerta ya, llegó a ser todo un fenómeno. Lo que la convierte en mamá de teta grande es la manera en que atendía a Rivera y la tolerancia que mostró con respecto a todas las aventuras de él.

Los atributos de las mamás de teta grande no se limitan a la vida doméstica. No se trata de planchar y ordenar la ropa de la pareja, de darle de comer, de levantarlo con un besito y hacerle el amor cuando lo desee. No, más bien es una cuestión social, económica y propia de todos los ámbitos, es comunicarle con cada acto el mensaje: "Dejo de ser yo para que tú seas más".

Esto complementaría la idea de lo que es ser una mujer de teta grande: traspasar lo cotidiano, lo que la sociedad considera como lo "normal", que es, en esencia, convertirse en la mano de obra segura que garantice el desarrollo y el futuro del marido, de los hijos, de los amigos (porque muchas amistades funcionan bajo este concepto). ¡Incluso las amantes llegan a comportarse de esta forma!

Un caso personal

Al igual que muchos de mis congéneres, yo, en este año 2006 —por incongruente que parezca—, convivo con una mujer de teta grande: mi madre. Con toda certeza, a ella, algo que la mantiene viva y feliz es que uno le asigne misiones, misiones que incluso pudieran resultarle incómodas.

Por ejemplo, si yo le pidiera que viaje a Morelia para recoger un documento, que para ello interrumpa sus actividades y deje a sus amistades, lo haría con muchísimo gusto. La impulsaría la sensación de que sirve para un proyecto y eso es parte de la educación que recibió; así funcionaba su familia.

Estoy convencido de que tener una teta grande equivale a sentirse útil, a desempeñar un papel importante en la relación familiar, en la sociedad, en el mundo entero.

Una mujer necesita sentirse útil, en primer lugar, porque eso le enseñaron. No le inculcaron, no tanto ambición, sino el entendimiento de que lo que ella hace, lo que ella anhela, lo que es su patrimonio, tiene alguna relevancia. Tiende a desestimar de manera automática lo que ella es para estimar todo lo que son y lo que tienen los otros: "Lo mío carece de importancia y lo puedo posponer sin problema alguno, lo tuyo es lo que cuenta".

También es una cuestión de poder: "Tu poder económico como hombre vale, el mío como ama de casa o como mujer no vale tanto; por eso, lo que debo hacer es sentarme a ver cómo puedo sentir que soy útil". Esta mujer piensa que el hombre es la encarnación de la inteligencia, de la fuerza; es el que provee y hace todo (basta ver los mensajes de las películas mexicanas de las décadas de 1940 y 1950: "A mí me cuesta mucho trabajo conseguir, generar, el dinero, y tú tienes que administrarlo a la perfección, tú eres la responsable de todo esto; además, el hijo salió malo porque tú no lo supiste educar. Yo cumplí con mi parte, yo trabajé y tú no hiciste la tuya"). ¡Qué ideas! En ambos miembros de la pareja está arraigado el convencimiento de que el poder del varón radica en que su mujer dependa de él en el aspecto económico.

En el caso mío —habla Fernanda—, yo sería muy amiga de tu mamá, mi querido Alberto, porque soy como ella: "Si por ti me siento útil, ya me hiciste feliz; esto es, si me llamas para averiguar un número telefónico o para pedirme ayuda, un punto de vista o alguna idea, siento que viví, que el día ya valió la pena".

Es una situación similar a aquello de lo que hablaba Viktor Frankl sobre el sentido de la vida. Necesitamos que nuestra vida tenga un sentido y esto debe ser cada minuto. Si una persona en un minuto de tu día le otorga un sentido extra, como es natural, ese día te inundará la motivación de vivir y seguir dedicándote a lo que haces.

Sin temor a equivocarnos, podemos concluir que en el mundo y a lo largo de la historia ha habido, y seguirá habiendo, mujeres que han actuado como tetas grandes con tal de encontrar un sentido a su vida.

La mujer rural

Mujer de mirada triste e incansable,
Que desde temprano te pones a trabajr,
Empezando con los niños de la escuela,
Después, a pasar a cocinar, lavar y ayudar
Con la cosecha del maizal.
Tú no conoces pinturas, joyas ni fragancias
Como la gente de la ciudad;
Las únicas que conoces son las del sol
En contacto con tu rostro, te adornas
Y perfumas con flores que sólo contigo
Dejan sentir un aroma encantador.
Tu amor hacia los semejantes es puro,
Sin hipocresías, aunque te hayan tratado mal,
Tu fe en Dios es mayor que el orgullo de los demás:
Así encontrarás la felicidad.

ROGER E. VÁZQUEZ CERVANTES

4. ¿Con overol o con falda?

Hace tiempo encontré en mi camino a un hombre llamado Alejandro Carrillo, y fue gracias a un extraordinario libro escrito por él llamado *El unicornio y el dragón*, que es un franco análisis histórico sobre el matriarcado y el patriarcado. Cuando decidí hacer este trabajo, Alejandro vino a mi mente en recuerdo de aquellos conceptos y del conocimiento tan profundo que tiene acerca de la materia. Su colaboración, aquí presentada, es para mí fundamental.

Años después llegó a mis manos otro trabajo muy serio de un profesional argentino, Ricardo Coler, en relación con el último matriarcado chino que existe hoy por hoy.

De igual manera, me puse en contacto con él porque me pareció relevante que ambos puntos de vista sobre el rol de la mujer en un matriarcado se establecieran y explicaran en relación con lo que son las mamás de teta grande.

Cuál fue mi sorpresa al enterarme de la información, de los conocimientos, de ambos sobre el tema. ¿Es una matriarca una mamá de teta grande? ¿Las mujeres con estas características sólo nos encontramos en Occidente?... Sin duda, sus aportaciones ampliarán nuestra visión sobre el tema.

Alejandro Carrillo

Fernanda, me preguntas sobre las mamás de teta grande y según tu descripción, parece que intentan ejercer un tipo de matriarcado, pero mal entendido.

Quiero compartir contigo y con los lectores que mi madre era así. Cuando no la dejábamos hacer cosas por nosotros, se quejaba: "Es que soy una inútil, ya no sirvo para nada". Para ella, su función en la vida, además de ser la compañera de mi padre, era resolverle todos los problemas a sus hijos. Manejaba esta idea con exageración, cuando que en la mayoría de las familias, la madre suele buscar fortalecer a los hijos para que puedan volar con sus propias alas y ser independientes y seguros de sí mismos hasta donde sea posible.

Esto mi madre no lo concebía. Estaba convencida de que su obligación hasta la muerte era resolver todas las dificultades que pudiéramos enfrentar mis hermanas y yo. Ahora bien, gracias al modelo de mi padre, por fortuna yo pude independizarme desde los dieciocho años.

Ella se lamentaba amargamente de que yo ya no la necesitaba, que no la llamaba para pedirle cosas. Mis hermanas se comportaban de manera mucho más inteligente en ese sentido e inventaban necesidades para hacerle sentir que era útil hasta los últimos días de su vida.

Por consiguiente, creo que las madres están lejos de apuntalar el carácter y construir una relación sana en la que busquen que sus hijos e hijas adquieran autosuficiencia, fuerza y seguridad en sí mismos lo más pronto posible

posible. Más bien, su función malentendida es solucionarles todo, hasta aquello que no representa dilema alguno.

Debido a que las mamás de teta grande interpretan mal su función, generan dependencia por parte de sus hijos e hijas. De ahí esta relación tan deformada: si ellos no las necesitan, las ofenden, y si las engañan y crean necesidades de la nada, las explotan.

Ante la pregunta de si esta forma de actuar es la lápida de las mujeres mexicanas, me parece que sí. Es una lápida autoimpuesta porque hay mujeres que entienden con claridad que el rol de madre es uno de los tantos que deben desempeñar a lo largo de su vida. Otros roles suyos son el de ser humano que anhela realizarse, el de profesional o profesionista, el de madre de sus hijos, el de hermana de sus hermanos, el de mujer de su hombre o compañero.

Quedarse con un solo rol en el que se busca justificar el sufrimiento y el padecimiento —llegando incluso a decir: "Bueno, a eso venimos al mundo, a sufrir, a cargar nuestra cruz"—, disfraza una posición que está muy lejos de ser sana. A mi juicio, más bien es enfermiza, tanto para quien la asume —en este caso, la madre que anda en pos de allanarle el camino vital a sus hijos—, como para la persona que sufre, quien encuentra la justificación exacta para continuar sufriendo, para señalar que se es una víctima permanente del mundo.

Traslademos esta manera de llevar la relación madre-hijo a la de mujer-hombre, a la pareja, a quienes comparten su andar. Si ella es una mamá de teta grande —yo hago por ti lo que tú digas, lo que tú quieras—, insisto, desde el punto de vista psicológico y humano, su posición es muy poco sana. Y no sólo eso, implica un intercambio complejo y manipulador: "Yo me sacrifico por ti, pero tú tienes que sacrificarte también por mí en todas estas cosas; o sea, te permito todo, lo único que no te permito es que no me permitas estar ahí contigo; y te acepto todo, tú puedes hacer todo porque eres mi hijo". Se convierten en mamás de sus maridos.

Al hombre le resulta muy cómodo en ciertos momentos el tener una esposa-mamá de teta grande para que lo consienta de pies a cabeza, pero no la respetará ni la buscará como compañera con plenitud.

¿Que si el comportamiento de estas mujeres sería como una forma de practicar el matriarcado? No, el matriarcado —por lo menos, según yo— es una posición cultural en la que se establece que la mujer ocupa un papel fundamental. Debido a que es la única que puede tener físicamente a los hijos, es la que genera el primer lazo de identidad más natural, directo y permanente entre los seres humanos. En principio, en efecto se trata de un rasgo conductual generoso porque la mujer es la única que lleva en su vientre nueve meses a un ser humano, le regala muchos años de su vida y cubre casi en su totalidad las necesidades de ese nuevo ser. Pero puede quedarse en esa etapa —Freud nunca las calificó así, él hablaba de la oralidad, la analidad y la genitalidad, aunque yo no concordaría—, en la que desea que el niño, y después el marido, dependan siempre por completo de ella debido a eso le da seguridad.

Reflexionemos sobre esto: en los comics de la pequeña Lulú, Tobi siempre organizaba las fiestas de los amiguitos porque partía de la hipótesis de que si él no lo hacía, no lo invitarían.

En este ejemplo, y en muchísimos más, se refleja una inseguridad muy grande: "Yo te daré constantemente para que tú sigas justificando mi existencia". Y esta mamá de teta grande acaba por despertar el rechazo de la otra persona, quien se dice: "Tú me das y das, pero me cobras y me cobras mucho también…".

Una gran diferencia entre los conceptos de estas mujeres sobreprotectoras y los albergados en el matriarcado es que en éste, la relación primigenia, la esencial, la más generosa y la más permanente es la de la madre con su hijo. Por tanto, justificaría que las decisiones de todo el grupo las tome esa persona, esa mamá. En griego, el "principio u origen de mando" en este caso lo ejerce la madre, como en el patriarcado lo tiene el hombre en su calidad de padre. Pero ésa es la pretensión de quién va a mandar en el grupo, de quién ocupa el rol y posee la jerarquía principales en un grupo social determinado.

En este caso la madre, si no lo ejerce en forma abierta porque quizá viva y se desempeñe en un patriarcado formal, se disfraza de la todopoderosa cuidadora del padre y de los hijos a la vez. Subrepticiamente establece una serie de relaciones de dependencia donde hace uso de su poder, pero un poder que, a mi juicio, es poco creativo, poco sano, poco útil.

Pensemos por qué hay mujeres mamás de teta grande, que así procuran ser aceptadas. Primero, porque ésa es su primera necesidad. No sucede así con una mujer que ha resuelto bien el asunto de los roles con su compañero, que cada uno se desenvuelve en su ámbito profesional y cada uno tiene lo suyo. Cumple con su papel de compañera y de integrante de la familia, pero también con el de profesionista: sale a trabajar, se realiza, equilibra sus funciones. Pero una mujer que siente que no puede ocupar otro rol que no sea el de la esposa, el de la compañera de él, se convierte en esa teta grande.

Clara, la compañera de Mussolini, se sacrificó totalmente por él, incluso lo buscó para morir con él. Ella quería tomarle la manita mientras lo mataban. Esto es muy conocido porque la colgaron junto con él de uno de los arcos.

El ejemplo anterior es muy parecido, sin que haya muerto así, al de Frida Kahlo, quien le toleraba todo a su "sapo", incluso hasta compartirlo. Hay mujeres que les toleran a sus compañeros infidelidades, siempre y cuando se las cuenten ya que así sienten que no las están engañando, que comparten con ellas una vida que no pueden tener juntos.

Creo que el origen de este juego de súper generosidad más allá del sacrificio y más allá de lo que sería sano en una relación equilibrada es, en definitiva, la inseguridad, el convencimiento de esas mujeres de que no pueden obtener de otra manera una relación respetuosa, de cariño y de cuidado de su compañero. Se tiran al piso y cualquiera que lo hace, pues recibe pisotones. Ése es su fin... y luego se quejan: "¿Por qué me pisan?". La respuesta es sencilla: "¿Para qué te pusiste de tapete?".

En cuanto al gran número de mujeres que, en el México del siglo XXI, son mamás de teta grande, me parece que aquí lo que aplica es una especie de conseja. En el sistema matriarcal más exagerado, las propias madres dicen: "Bueno, de nada sirve que mi hija sea inteligente, que se haya esforzado por terminar una carrera o aprender un oficio. De todos modos, en este mundo patriarcal a las mujeres no se nos respeta en ese nivel, el de la aportación racional. Por consiguiente, mi hijita, tu inteligencia va a radicar en que te vuelvas boba o generosa y tolerante ante tu marido para garantizar que tú seas la número uno, la 'catedral', aunque él tenga otras 'capillitas'. Tú renuncia a una relación equilibrada, aprovecha el desequilibrio, acéptalo aunque no sea lo correcto. Tiene sus ventajas jugar ese papel de boba, de tonta y de autosacrificada: en el peor de los casos, él no te dejará. Siempre podrá tener aventuras y otros intereses, pero como éstos no serán tan generosos, tan perdonavidas, tan perdónalo-todo como tú, a la larga tú subsistirás y las demás personas entrarán y saldrán de la vida de tu pareja". Muchas veces, estas enseñanzas representan toda una cultura que pasa de madres a hijas.

Claro, si una hija va a la escuela, descubre otras cosas y se informa de que goza de los mismos derechos del hombre o puede aspirar a tenerlos, en un momento dado tal vez no acepte este rol marcado por su cultura patriarcal o matriarcal, disfrazada de aceptación pasiva del patriarca, pero para obtener ventajas.

No es posible generalizar porque hay mujeres que, aunque quisieran jugar ese rol, la vida no les brinda esa oportunidad, tienen que enfrentarse solas a ella y sacar adelante a sus hijos. Estamos hablando de un país en particular, México, en el cual — al igual que en otros, como Estados Unidos—, en 20 o 25% de los hogares está al frente una mujer. ¿Cómo se tiran al piso? La única forma de hacerlo sería frente a tus hijos. Con ello les harán la vida bastante infeliz. Puesto que no está presente la figura masculina, se desviven por los hijos y a ellos les cobran el hecho de atenderlos por encima del sacrificio humano razonable. Y por lo regular acaban por exigirles una dependencia total que puede resultar hasta enfermiza para el desarrollo normal de una persona.

Ahora, me parece bien que haya mujeres que son mamás de teta grande y se propongan seguir siéndolo, pero que lo asuman y realicen un balance costo-beneficio. Si los beneficios que obtienen en ese rol les compensan los sufrimientos ocasionados por perder su capacidad de iniciativa, de tener espacios personales y de prepararse, como dice el dicho: "Que con su pan se lo coman". No se puede obligar a nadie a ser feliz con los valores de otros.

En el caso de que no desearan continuar como mamás de teta grande, hay caminos y, a veces, precios por pagar. Cuando se requiere optar por un papel x o un papel z, en uno recibes ciertos beneficios y en otros, pagas ciertos costos. Las mujeres, hablando de las mexicanas en especial, en el fondo están entendiendo que la independencia y la autonomía cuestan; porque con la autonomía ya no puedes demandarle incansablemente a alguien: "Dame y dame", por el simple hecho de ser mamá de teta grande o por ser una esposa que te perdona todo o una madre que se sacrifica hasta el infinito por ti.

Esas mujeres actuales habrán de obtener mayor independencia para manifestar: "Mi hijito, yo necesito salir a trabajar, estudiar, desarrollarme, tener otros tipos de relaciones con amistades, desempeñar otros roles, y no puedo atenderte todo el tiempo. A lo mejor te descuidaré en algunos aspectos, pero eso es parte del costo que debo pagar". No se puede "chiflar y tragar pinole". Es muy difícil ejercer el rol de mamá de teta grande y además ser una mujer realizada en otras esferas.

Nosotros acabamos de vivirlo. Hay una pérdida muy grande en la familia de Talina y mía, y ella tiene que abandonar su aspiración a que, ya casados todos sus hijos, sólo en el papel de abuela, podríamos dedicarnos a viajar ella y yo, otra vez como pareja, ahora de viejitos, pero una pareja sin las obligaciones del día a día que se tienen con los hijos. Muere Mariana, María es adoptada por Talina y se convierte en nuestra hija. Nos convertimos en papás de sesenta años y ya no podemos hacer las cosas que planeábamos como meros abuelos. Nos cambió el rol de nuevo a papás y hay que aceptarlo e invertir en eso por otro periodo.

Pero, ¿qué te puedo decir de los hombres, de su actitud con respecto a las mamás de teta grande?

A todos les fascinan y andan en busca de una. Esto para efectos de que los cuiden, para tener una nana. Ah, pero eso sí, cuando la encuentran, buscan una compañera para otro tipo de cosas que les presente otro tipo de retos. Y como la mamá de teta grande les perdonará todo, no se preocupan en absoluto. Al fin y al cabo, como decía un amigo mío, un "zafín zafado siempre es perdonado"… en el caso de un hombre, no en el de la mujer. Hay madres que así lo admiten: "Tú cállate, tú sufre, tú, tu cruz".

Entonces, ¿a quién le dan pan que llore? Si el hombre tiene en su casa a alguien que cubre las funciones de sirvienta, de mamá, de abuela, de paño de lágrimas, lo acepta. Pero como el hombre también tiene necesidades de relación creativa y de desarrollo, con seguridad así se le invita a buscar por otro lado ese rol y esas funciones, que también son importantes en las relaciones humanas.

Ricardo Coler

Como mencioné, en este capítulo me he propuesto hablar de un tema que interesa a toda la humanidad desde hace siglos: el matriarcado. A partir de lo que aquí analicemos, estableceré los vínculos del matriarcado con la forma de vida de las mamás de teta grande.

Para este fin hablé del tema con Ricardo Coler, reconocido médico especializado en escribir acerca de sociedades diferentes de la nuestra. Ricardo ha publicado varios libros de altas ventas acerca de ellas y sus experiencias al respecto; el más reciente fue sobre China; además, maneja una revista de cultura.

Ricardo vive en Buenos Aires y en el momento en que hablé con él se encontraba en la oficina de su editora para ultimar los arreglos con miras al lanzamiento de su libro más reciente.

El matriarcado, nos dice Ricardo, es una sociedad donde todo está al revés, ni más ni menos. Es decir, ninguna mujer puede quejarse de que se le haya educado en un régimen machista, de que no goce de los mismos derechos que el hombre, de que carezca de las mismas oportunidades que él o que haya sido sometida por la fuerza del varón.

Esta sociedad parece ser el paraíso del movimiento feminista, un paraíso en el que las mujeres son las que tienen el mando, el cual asumen por la vía de la sucesión: la matriarca de un hogar le va pasando el poder a otra matriarca. En la cultura occidental es diferente. Una matriarca no es un patriarca al revés y cuando una matriarca ejerce el poder lo lleva a cabo de manera distinta que cuando lo ejerce un hombre. En eso hay que ser muy cuidadosos porque una mujer suele, en una sociedad patriarcal en la que mandan los hombres, hacer uso del poder como si fuera un hombre; es decir, se pone en el lugar del varón.

En Occidente, cuando la mujer ejerce el poder, siempre lo hace con un enfoque femenino: cuida de su familia, nunca es despiadada en la competencia comercial, mantiene el entramado social y el principio de no violencia, y participa en las tareas laborales. Es difícil pensar en una matriarca que maneje desde lejos los hilos de su empresa; ella siempre está ahí, trabajando adentro, compartiendo con los demás la tarea.

No intenta someter a otros, sino que tiende más al cuidado que al sometimiento. Se hace cargo de las necesidades que son su responsabilidad.

Además, si bien de la mañana a la noche ejerce el control y le dice a los hombres qué es lo que tienen que hacer, esta mujer es muy femenina en la manera de tratar a otras personas, en su estilo de vestir y también en su forma de hablar, incluso al dirigirse al hombre (claro, siempre y cuando no sea para abordar asuntos relacionados con el trabajo).

En el caso de la mujer occidental, justo lo que decide es qué significan el rol masculino y el rol femenino, lo que tiene poco que ver con ser orgánicamente una mujer o un hombre.

Es decir, si una mujer se pone en el lugar de un hombre, dice las mismas cosas y hace las mismas cosas, aunque esté orgánicamente armada como una mujer y se vista como tal, se perfume y se maquille como una mujer, está ejerciendo el papel del hombre, ocupa una posición masculina.

De esta manera, no basta que las mujeres lleguen al poder en una sociedad patriarcal para marcar la diferencia con respecto a lo que hacen los hombres.

En las sociedades matriarcales, cuando las mujeres tienen el poder, lo ejercen como mujeres. ¿Acaso una mujer va a poder ser presidenta de un país cuando una sociedad mantiene aún las mismas premisas de siempre? En cambio, en la sociedad matriarcal sí se piensa y se actúa de modo diferente, encabezados por una mujer con un principio más femenino.

Lo femenino y lo masculino no tienen que ver con la anatomía, sino con la posición, con una posición frente a las cosas. Por eso es que, hablando del movimiento feminista, muchas veces, al ir en pos de la recuperación o de la conquista de derechos, la mujer se parece más y más al hombre.

Por supuesto que debe conquistar derechos, tal cosa ni siquiera está en duda, pero eso no significa que requiera asimilarse a un hombre.

Cuando las mujeres están al mando y en verdad llevan todas las de ganar y cuentan con todas las posibilidades, poseen algunos aspectos como los que describí al analizar el matriarcado que son dignos de admirar.

El funcionamiento económico de estas sociedades es mucho mejor que el de otras sociedades vecinas. En China, por ejemplo, les va muchísimo mejor en lo económico en relación con sus vecinos. Ellos lo atribuyen a que la mujer tiene la capacidad para manejar la economía y cuidar el dinero.

En Juchitán, donde las mujeres están a cargo del comercio, sucede lo mismo. Dicen que son las que mejor manejan el dinero y no sólo en la producción y la vida familiar, sino también en lo solidario y lo social.

A todas estas comunidades les va mucho mejor que al resto de su vecinos. Es más, ahora en Argentina, en fecha reciente, se inició un programa de rescate de la Organización para la Alimentación y la Agricultura de las Naciones Unidas (FAO) a pequeños campesinos, pequeños latifundistas y minifundistas, orientado a brindar apoyos económicos a las mujeres, tanto en la formación como en el desarrollo, para mejorar el rendimiento económico de los campesinos. Rinde buenos resultados. Eso independientemente de lo que se piense del lugar de la mujer, del movimiento feminista, de los derechos del hombre y de la mujer. Genera mejores resultados económicos, sobre todo en la experiencia de los movimientos agrarios con mujeres fuertes.

En el aspecto amoroso, la matriarca, como sucede con muchas otras mujeres que no lo son, le hace creer al hombre que él la conquista. En efecto, justo en el momento de la seducción esa mujer, que es tan fuerte y con tanto don de mando, hace un cambio y presenta ante su pareja una imagen mucho más tranquila, suavecita y accesible a que él despliegue su potencia, su vigor, su sensualidad masculina.

El discurso matriarcal se engancha con otras cuestiones que tienen con ver la manera de pensar y de producir de esta época.

En el contexto histórico, la acumulación de riqueza siempre ha pertenecido más al ámbito de los hombres que al de las mujeres, pero la vida misma, el gozo de vivir, está más del lado de ellas que de ellos.

Me preguntas, Fernanda, si muy en el fondo vivimos en un matriarcado. Esta cultura no funciona en todo el mundo, sólo en ciertas regiones. No he tenido hasta ahora experiencia urbana, siempre rural. Estas comunidades no se dan en grandes ciudades y no sé lo que pasaría. Supongo que sería igual, pero lo que he visto, lo he visto en sociedades rurales, en comunidades.

Hablando de América Latina, de México en específico, hay casos muy exitosos de sociedades matriarcales.

Un ejemplo con el que estoy familiarizado, y que ya mencioné, es el de la localidad de Juchitán, en Oaxaca, donde la mujer es muy fuerte. Ahí el comercio y la vida social en general del pueblo funcionan de maravilla.

En un matriarcado la mujer manda, la mujer provee, la mujer trabaja, la mujer define con quién quiere sostener relaciones sexuales, en fin, de ella depende todo. Sin embargo, no lo hace de la misma manera que caracteriza al hombre; esto es, no aplica el sometimiento como él.

Un varón que manda es alguien que está alejado de la situación, que mueve todos los hilos, pero que evita que lo molesten.

En cambio, una mujer que manda está muy involucrada en lo que sucede. A diferencia de él, no le preocupa demasiado ganar mucho dinero o hacerse rica, sino que todos los miembros de su familia —e incluso quienes no lo son— estén bien.

En las sociedades matriarcales, por ejemplo, en China, las mujeres trabajan mucho. Eso no significa que en Occidente no lo hagan, pero ahí se esfuerzan arduamente. No obstante, se observa que así ellas se sienten bien, que están contentas.

En general, si hay algo que reina en los matriarcados es el buen humor. La forma de vivir de las matriarcas se vincula con la de las que tú llamas mamás de teta grande, éstas que, vivan o no con un hombre, siempre resuelven sus dilemas a quienes las rodean, aunque no se lo soliciten.

La comunidad misma se maneja de esa manera. Por eso es que las sociedades matriarcales son mucho más solidarias que las patriarcales.

En Juchitán las mujeres impiden que se presente cualquier cosa que afecte alguno de los pasos de la economía en el que estén implicadas mujeres. Si una cadena de camiserías quiere establecerse en la ciudad y eso va a afectar al gremio de las camiseras, todas se opondrán. Si la mujer que vende pescado no lo vendió, nunca vuelve a casa con las manos vacías, siempre acude a otra con quien cambiará el pescado por algo más.

Frente a la enfermedad, la mujer que forma parte de un matriarcado actúa igual que la occidental: atiende y vela por el enfermo. Se sabe que la mujer con diabetes tiene una alta probabilidad de morir antes que el hombre con diabetes porque ella es la que se encarga de él y no él de ella. Y esto no sólo se aplica a la pareja, sino a todos los miembros de su familia.

Desde luego, este estilo de vida no hace mella alguna en el hombre: él se divierte y disfruta; trabaja menos, carga con menos responsabilidades, se le exige menos. Es más, el defensor más entusiasta del matriarcado es el varón.

Algunos quizá se pregunten si esto no atenta contra su virilidad; en absoluto, por lo que se observa en la aldea, sucede todo lo contrario.

Pienso que el matriarcado en sí puede definirse como una mamá de teta grande, como ésa a la que tú te acercas para chupar de ella e irte. Los países pueden serlo también, estos países a los que les quitas en exceso y poco les devuelves.

Un tema que me fascina es el que toco en mi libro más reciente: el de la humanidad y una diosa viva, de carne y hueso. En él planteo que uno puede dejar de imaginar lo que Dios quiso transmitirnos o lo que los hombres interpretan sobre la palabra divina, y acudir directamente a la diosa, hablar con ella y escuchar lo que tiene que decir. La característica distintiva es que esta diosa es una mujer, y asume tal rol durante unos diez años.

El libro sigue dos vertientes. Por un lado, presenta el aspecto religioso y lo que implica escuchar de la boca de alguien vivo lo que debería ser para nosotros la palabra divina. Por otro lado, cuenta las historias de todas esas mujeres que han sido diosas y hoy por hoy no lo son más, han vuelto a ser comunes. Analizo qué ha pasado con su vida después de haber perdido ese lugar venerado que ocuparon en la sociedad.

Al hablar de las mujeres que fueron diosas, por ejemplo, pienso en lo más cercano: una diva, una actriz muy famosa, alguien que ha sido muy conocida en su entorno social. En un momento dado la de la diosa pareciera ser una instancia superior, el nivel máximo al que una mujer puede aspirar. Y un buen día, de sopetón, deja de serlo; imaginemos todo lo que ello implica.

Si una mujer se apegó en exceso a ese papel, termina por vivir en perpetua adoración. Es decir, lo representa una y otra vez, sin salir nunca de él y le pide a todos a su alrededor que la traten de esa forma. Otras, en cambio, después de haber sido diosas pueden volver a serlo, incluso para su marido: se casan y viven una vida maravillosa.

En fin, según yo, los matices de la existencia de estas mujeres, y de cómo terminaron, son fascinantes.

En lo que respecta a las que personifican a la mamá de teta grande, como escritor y como hombre, opino que este tipo de personalidad va implícito en lo femenino. En definitiva, esa gran generosidad forma parte inherente de lo que es una mujer.

La cultura inhibe el desarrollo de este rasgo. Si se le dejara en libertad, ésta sería la única forma de comportarse de la mujer, se constituiría en su camino natural.

La contraparte es el sometimiento, es olvidarse de su propia condición, es depender de un proveedor.

Si —soñando un poco— se permitiera que esa naturaleza aflorara en todas las mujeres, todos viviríamos un poco mejor, en especial ellas. De alguna manera, una mamá de teta grande representa una divinidad.

Ahora bien, como sucede con todo, hay ciertas desventajas en esta postura. La principal se suscitaría si la mujer se convence de que es sólo eso, que ésta es la única actitud que puede adoptar en la vida.

Mamás de teta grande las hay en todo el mundo. Muchas mujeres que conocemos poseen esas características y pueden vivir a la vuelta de la esquina, sin que uno esté al tanto de ello.

Un gran ejemplo para mí es mi madre, una mujer que siempre se ha mantenido como el fiel de la balanza en la familia y ha sido la única que no se ha peleado nunca con nadie. Todos nosotros sabemos que podemos recurrir a ella para estabilizar las relaciones, para limar asperezas y para encontrar la manera de vivir en armonía. Es siempre la mediadora.

Estas mujeres que hemos venido analizando sufren al esforzarse por atender los reclamos y las demandas del otro. Pero, al mismo tiempo, encuentran beneficios en su manera de ser.

Algunos pensarían que éste es un peso que las mujeres deben sacudirse, pero yo no lo creo. Más bien, me parece que es cuestión de moderar las actitudes, de no irse a los extremos.

En algunos casos, como me comentas, Fernanda, el hombre con quien la mujer se relaciona no está disponible para satisfacer las necesidades del hogar. Entonces, a ella le piden lo que falta, ella es quien debe solucionar todos los asuntos.

Sin embargo, eso no tiene que ver con la idea inicial porque implica el sometimiento. La mujer puede llegar a desarrollar su teta grande sin servilismo. En ello consiste el arte de llevarlo adelante.

La mujer tiene una sonrisa para todas las alegrías,
lágrimas para todos los dolores,
consuelo para todas las desgracias,
excusas para todas las faltas,
súplicas para todos los infortunios
y esperanza para todos los corazones.

JOHN GAY

5. ¿Te suena familiar?

Casos para reflexionar

Toda mujer que se identifique con lo que leerá a continuación es mera coincidencia. Ésta es la narración de vidas de mujeres de hoy que he escuchado y que en todos los casos, a reserva de lo que tú opines, son clásicas mamás de teta grande...

Caso 1

Liliana lleva casada con Ramón más de doce años. Se conocieron en la prepa y al hacerse novios se juraron que, pasara lo que pasara, estarían juntos para siempre.

En el segundo año de matrimonio Ramón se queda sin trabajo y ella decide "cubrirlo" mientras se normaliza la situación.

Logran embarazarse y Liliana sigue trabajando mientras Ramón la espera todos los días en casa, sin hacer nada. Una subida de presión muy desventurada hace que pierdan a su primer bebé.

Sin embargo, la vida les brinda otra oportunidad y nace Fernando con trastornos de salud serios: un retraso leve y problemas en las piernas provocan que se le someta a operaciones constantes y a terapias muy costosas.

Ramón sigue sin trabajar y cambia el rol por completo con Liliana. Él se hace cargo del niño (a medias), ella se rompe el lomo y los mantiene a todos, ¡y además le da a él un sueldo mensual para lo que se le ofrezca y le tiene chofer por si lo necesita!

Ah, pero eso no es todo. Él la castiga con su silencio si llega a encontrar un plato fuera de lugar o la cena no está lista a tiempo cuando ella regresa de trabajar.

Socialmente él dice que todo lo ha logrado con el sudor de su frente, mientras Liliana prepara el menú para más de seis amigos que Ramón invita a cenar todos los miércoles a su casa. Ella permanece en silencio, es tratada con gritos, con violencia psicológica y de buena para nada no la baja. Ramón hace alarde de que su mujer debe estar agradecida por tener a un hombre como él, porque ella está tan descuidada que nadie (más que él) sería capaz de fijarse en ese bodrio.

El testigo de estos desencuentros es su hijo, quien no deja de escuchar, una y otra vez, lo poco que vale su madre. Un día, desesperada, una amiga le comenta a Liliana:

—Oye, ¿que no te das cuenta de que tú le resuelves todo y él ni siquiera te lo agradece?

—Agradecida debo estar yo porque nadie más que Ramón podría aguantarme, ¿quién me va a hacer caso? Soy un desastre y él se merece que trabaje para darle lo mejor.

Además, fue por mi culpa que nuestro hijo naciera mal y tengo que retribuírselo de alguna manera —contesta ella.

Caso 2

Conozco a una mujer llamada Eugenia que espera hasta que lleguen las vacaciones para enfermarse. Jamás lo hace en tiempos laborales, pero el día que llega el descanso, cae en cama con fiebre muy alta. Alguna vez le pregunté por qué creía que le pasaba eso y me contestó:

—No sería fácil para los demás si dejo de solucionarles todos sus conflictos.

Minutos después ambas escuchamos a una mujer que no conocíamos, al lado de nosotras, hablar por teléfono y mencionar que ella tendría que darle solución al tema del alcoholismo de su cuñado y le resolvería a la hermana todo lo relacionado con el "viejo borracho ese"…

Para cuando esta extraña colgó el teléfono, Eugenia ya le había apuntado en un papelito los números para pedir ayuda en AA, los datos de Al Anon y el de un MP por si necesitaba levantar un acta si el borrachín llegaba a golpear a la hermana.

Francamente, ¡me quedé con la boca abierta y no supe distinguir cuál de las dos era más mamá de teta grande!, aquella que cargaba con la responsabilidad de la mala elección de pareja de la hermana o ésta que caminó con una gran sonrisa después de haberle entregado el papelito con los datos a la extraña.

Caso 3

Lourdes se enamoró perdidamente y ¡lo perdió todo! Así, tal cual, porque ese amor apasionado la embruteció. Él, además de ser su marido, era un bueno para nada y adentrándose en el quinto año de casados le pidió a Lulucita, su reinita, su amorcito chupalón, que le escriturara aquel terrenito, y este otro, junto con la casita de Cuerna y dos departamentitos que había heredado de su padre ¡por cuestión de impuestos!

—Así tú no pagas tanto, mi vida, lo pago yo por ti.

Como pueden imaginar, el hombre dejó a Lourdes en la calle con dos hijas y hasta hoy ella alega no tener fuerza para recuperar lo suyo:

—Es mejor así, seguro él lo necesitaba más porque *pobrecito*, es el día que todavía no encuentra trabajo y cómo le va a hacer para salir adelante". ¡¡!!

Caso 4

Sara mantiene a sus hermanos (dos), a su mamá y a su tía Raquel.

El otro día su mamá le llamó para pedirle que le enviara un cheque por sesenta mil pesos para comprarse unas cositas que había visto en una boutique.

—Mamá, sabes que estoy ahorrando para la operación que debo hacerme en unos meses, no puedo cubrir estos gastos tan altos. Mis hermanos me piden de más y ¡tú haces lo mismo!

—Ándale, mi hija, ¿quién te quiere más que yo, quién te dio la vida, por quién trabajas? Yo sé que es para darme gusto porque, además, no me queda mucho tiempo para disfrutar de cosas tan bellas.

Y en tres segundos la mamá de Sara se suelta chillando como una Magdalena. Sara está harta y hace lo posible para que no existan pleitos y vea feliz a su familia (a costa de lo que sea).

—Ya, mamita, no llores, mando al chofer a que te lo deposite de inmediato. Oye, y aprovecho para pedirte que me compres unas medias porque no puedo ir yo, color natural, ¿sí, mami?

—Sara, no creo que me alcance, francamente. ¿Por qué mejor no le das más dinero al chofer para que te las compre?...

Esta historia retrata a la mamá de teta grande, Sara, la que provee y resuelve. Pero también su mamá me inspira para escribir un libro que se llame *Delito sin sanción: el chantaje* ¡porque el chantaje se cuece aparte!

Y la bomba atómica es una teta grande relacionada con un chantajista, ¡qué horror!

Caso 5

—M'ijita, levántate, da las gracias a todos y por todo. No hagas eso que eres muy chiquita, necesitas la ayuda de mamita, ¡que no se te olvide! No te voy a dejar ir a jugar porque me da miedo que alguno de tus amigos te empuje. Ayúdame, no seas malita, a lavar esto, así papá se va a poner muy contento al ver que la casa está limpia. ¡Ándale, mi reinita, arregla tu cuarto y el de tu hermanito que se fue al fútbol y regresando va a estar muy cansado! No hay helado hasta que no termines de arreglar el lugar donde comiste y aprovecha para limpiar los demás. Saluda a esos señores amablemente, aunque no los conozcas. ¡Oye!, acuérdate de que los miércoles tienes que compartir siempre, aunque no quieras, lo tuyo es de los demás. Y unas cuantas nalgadas no te hacen mal, te las mereces, no te defiendas de esos mocosos, ya déjalos, son más que tú...

Y cuando Daniela creció no pudo defender lo suyo, no logró enfrentar al más fuerte, cedió lo que le correspondía, se sentía querida por cómo dejaba de limpia la casa de su suegra, los golpes de Andrés eran bienvenidos porque sentía que se los merecía.

Y así continúa el cuento de su vida hasta que, colorín colorado, llegó el día en que saludó con mucha amabilidad a unos señores que ni siquiera conocía y su marido, por celos, le propinó la última...

Caso 6

Marta trabaja hace más de quince años, es una mujer con cierta estabilidad económica. Su marido y dos hijos son parte fundamental de su vida e intenta *siempre* atender a todos por igual. Si algo la hace sentir feliz es resolverle la vida y los pendientes a los demás.

Hace poco Marta se lesionó una rodilla, lo cual la hizo sentir muy mal físicamente. Sin embargo, todos los días iba a trabajar, pasaba por sus hijos y hacía todas las tareas habituales.

Un día uno de sus hijos le llamó para que por favor comprara en la papelería unas cosas que le habían pedido en la escuela. Él estaba entrando al cine con la novia y le sería imposible hacerlo.

—Ay, mamá, tú siempre me ayudas, por fa, ¿sí?

Marta estaba recostada cuando su hijo llamó, hacía días que sentía un dolor mucho más intenso en la rodilla. Con gran esfuerzo físico, un fuerte dolor y cojeando, consiguió levantarse e ir a la papelería.

Cuando el hijo regresó en la noche, tenía en su habitación todo lo que necesitaba para la escuela... El pensamiento de Marta fue: "Me duele mucho la rodilla, pero ¡cómo le voy a decir que no!".

Moraleja: en la vida de cualquiera, aprender a decir no es tan importante como decir sí, sobre todo cuando nuestra salud está de por medio, ¿no crees?

Caso 7

Roxana se casó con un hombre exitoso. Al principio él la invitó a que participara en la administración de lo que sería el patrimonio familiar. El propósito era que se "entretuviera", recibiera el pago de las rentas y vigilara la contabilidad de los negocios. A medida que pasaban los meses ella comenzó a abarcar más y más, hasta que llegó el momento en el que organizaba y supervisaba absolutamente todo en el hogar y en los negocios: empleados, servidumbre, hijos, escuelas, citas, eventos especiales, incluida la socialización de la familia por parte de su esposo y de ella.

La organización de Roxana se extendió a los hogares de sus hijos cuando éstos se casaron. Estaba al tanto de cuándo los nietos iban al fútbol y cuándo era la cita de su yerno en el dentista, las fechas de cumpleaños de hijos, nietos, nueras y yernos las llevaba tatuadas en la memoria, para recordárselos a quien los olvidara.

En una ocasión olvidó una cita y esto la trastornó. Durante una semana se recriminó a diario lo ocurrido. Una semana después no recordó el cumpleaños de su nieto, y así comenzaron los olvidos hasta que llegó el momento en el que tenía que anotar todo en una libreta, la cual abrazaba con vehemencia todo el tiempo.

Un día perdió la libreta y con ello, el control de todo.

El panorama era incierto. Todos los hogares que dependían de su organización fueron presa del caos y se vinieron abajo. En un principio, quienes la veían y la trataban lo atribuyeron al cansancio, pero todo se derrumbó con estrépito cuando a Roxana se le diagnosticó Alzheimer, enfermedad que la llevaría, sin duda alguna, al olvido de todo, hasta de ella misma.

Caso 8

Hace tiempo murió la hermana de una amiga en un accidente automovilístico. La noticia fue devastadora para toda la familia: su hijo más pequeño tenía ocho meses de nacido y los otros dos, cuatro y seis años. El caos comenzó después del funeral y del entierro. ¡Su marido no tenía idea de dónde estaban las cartillas de vacunación ni otros documentos importantes, como las actas de nacimiento! No conocía los nombres de las maestras de sus hijos, mucho menos en qué lugar se compraban sus uniformes y quiénes eran sus mejores amiguitos. La libreta de teléfonos contenía nombres sin apellidos de las mamás, del pediatra, ¡de todos! No estaba al tanto de recibos de luz, agua, teléfono, mucho menos de pagos de tarjetas, números bancarios, claves personales. ¡La vida de este hombre se convirtió en un verdadero desastre!

Reestructurarse del dolor de la pérdida le llevó muchos años y requirió más de once meses para asumir, más o menos, el control de todas las actividades que rodeaban a sus hijos.

No es capaz de narrar la inseguridad que sintió. Se limitaba a decir: "¡Jamás imaginé todo lo que ella hacía y yo no me di cuenta! ¿Cómo es posible que nunca haya preguntado por cosas tan obvias en relación con mis hijos? Fui un completo extraño para ellos y la ausencia de mi mujer representó el terremoto emocional más grande que hemos vivido. Mis hijos no me conocían y yo a ellos, menos. Dependíamos de ella en todo y jamás me pasó por la mente que podía morirse. ¡No se lo deseo a nadie!...".

Caso 9

Su marido lleva diez años en la cárcel por fraude y desde esas cuatro paredes controla la vida de ella en todos aspectos. No tuvieron hijos y, desde luego, si hay algo que sobra en esa casa es dinero. A ella no le falta nada, está protegida desde todos los ángulos. Sin embargo, para lo único que su esposo "le da permiso" es para ver a una amiga y salir de compras de vez en cuando.

La vida de esta mujer también se acabó con la detención de su marido. Lo recuerda bien, estaban en una fiesta con buenos amigos y llegaron por él. Durante todo este tiempo, desde que lo encerraron, en los días de visita ella se levanta muy temprano y va al mercado a comprarle fruta, verdura y uno que otro antojito, y se los lleva al reclusorio.

Así ha vivido: del reclusorio al mercado, a su casa, muy ocasionalmente al salón de belleza y con su amiga comparte largas conversaciones cuando la recibe en su hogar. Tiene prohibido salir y él desde la cárcel sabe más de ella que estando en el hogar. Hace unos días se enteró de que su marido sería extraditado a una cárcel federal en Estados Unidos. Eso significa, entre otras cosas, que el resto de su vida lo verá a través de un vidrio, jamás podrá volverlo a tocar.

Con gran sutileza, su amiga le pregunta:

—¿Qué vas a hacer?

Con expresión segura y asombrada a la vez, ella le contesta:

—Pues me iré a vivir a Estados Unidos, desmonto mi casa y santo remedio, lo visitaré como lo he hecho todos estos años.

—Pero ya no podrás tocarlo, ni olerlo, ni acercarte, y es para siempre…

Ella, distante, le refuta:

—¡Qué quieres que haga? Él me necesita, no puedo dejarlo solo. ¿No ves que soy más fuerte que él?... Tengo que ayudarlo...

Caso 10

En realidad le gustaban las mujeres, pero era algo que nunca le diría a su marido y mucho menos a sus hijos. Estaba dispuesta a sacrificarse por los demás por encima de su verdadero deseo. Lo único que se permitía era tener una que otra aventura en los viajes de trabajo a sitios donde nadie la conocía.

Siempre con una sonrisa, siempre amable con su familia y muy cariñosa con sus hijos, atenta con el resto del mundo que los rodeaba, buena hija y buena jefa, pero también, siempre, cuando se iba a dormir, tenía un último pensamiento: lo bien que la había pasado la última vez que estuvo con una mujer. Sólo en sueños lograba ser lo que en realidad quería ser.

Caso 11

Ella estuvo a punto de ir a la cárcel... Se casó a los veintitrés años con un hombre propietario de muchos negocios, algunos de los cuales puso a su nombre: Irma Ballesteros Inclán. Irma en su vida había pisado una tesorería, no sabía de pagos de impuestos, ni de bancos, ni de contratos, ¡de nada!

Se dedicaba a él en cuerpo, alma y todo lo demás. Creía ciegamente en las explicaciones que él le daba cuando llegaba borracho a la casa y se sometía cuando quería tener sexo a fuerzas con ella.

—Vengo muy presionado, te necesito, ¡órale! (a grito pelado) Prepárate, puta, porque voy a hacerte feliz, para eso te tengo, eres una buena para nada, pendeja, ponte ya...

Irma jamás tuvo contacto con excesos en su vida. Vivió con sus padres y de ahí salió de blanco para casarse con Óscar, que era alcohólico, y quien, al sexto año de casados, desapareció de la noche a la mañana...

Pasaron meses para que pudiera anularse el matrimonio y el apoyo de su padre fue fundamental en este proceso. Los dos sabían que ella era la dueña de cuatro de las empresas de Óscar y el padre insistía en que se llevara a cabo la cesión de derechos de las mismas.

—Mi hijita, tienes que tramitar esa cesión, es muy importante. Si no lo haces, te puedes meter en un problema.

—Sí, papi, lo haré, pero no creo que él me haga nada malo. Sabes que no sé mucho de estas cosas, pero confío en ello...

Pese a su confianza, un buen día tocaron a la puerta de su casa, eran cuatro hombres:

—¿La señora Irma Ballesteros?

—Sí, soy yo.

—Está usted detenida. En unas empresas que están a su nombre se cometieron fraudes. Acompáñenos...

Aquella niña bien, ilusionada por lo que sería su matrimonio, deseosa de tener hijos, vivió un infierno porque nunca puso límites a los deseos del fulano. Pensaba que eso significaba estar casada. Gracias a que su padre tenía dinero no pasó quince años en la cárcel. Empezó a trabajar y a estudiar Derecho. Jamás volvió a saber de Óscar...

Caso 12

Éste es uno de los casos que más me ha impactado en la vida porque conlleva mucha enfermedad mental de ambos... Me enteré por una institución de mujeres golpeadas —que por razones de seguridad mantendré en el anonimato— de la historia de un gran empresario mexicano.

Este hombre, muy conocido, casado hace más de veinte años, con tres hijos, dos niñas mayores de diez años y un niño de ocho, llega a casa en las noches y encierra en un cuarto a su hijo y a su esposa. A ésta la golpea con fuerza y, ya que la ve semiinconsciente en el suelo, frente a ella, tiene relaciones sexuales con su hijo. ¡Sí, leíste bien y es tremendamente patético!

Cabría analizar, dado el tema que planteamos en estas páginas, no sólo cuán enfermo está él, sino cómo ella pretender llevar una vida en la que en apariencia no sucede nada, cuando, en realidad, muchas noches son un verdadero ¡¡¡¡!!!! (No tengo palabras...) ¡Y lleva veinte años! Veinte años de "vivir" en estas condiciones, de permanecer en silencio, de permitir que ahora no sea sólo ella la herida en forma física, psicológica, y en todas las formas humanas posibles, sino que ¡su hijo! sea sometido frente a ella a esta situación y ¡no haga nada!

En este caso podríamos entrar en una franca discusión en lo que se refiere al miedo, al dinero del hombre, al sometimiento mental... Pero ¡no encuentro en mi mente, en mi estructura como persona, una razón por la que ella permita esto!

En la institución saben del caso porque algún día pidió ayuda, pero se arrepintió de inmediato.

Discúlpenme, señoras, pero a tal situación no le encuentro pies ni cabeza.

¿Qué somos capaces de llegar a pensar que merecemos y qué podemos sacrificar por otro? ¡No juzgo, pero me hierve la sangre porque es indignante!

Ustedes, ¿qué opinan?

Caso 13

Se endeudó hasta los dientes por los caprichitos de su único hijo… cuando no era por ropa, era por nuevos negocios, por viajes, por amigos que lo explotaban o por la cocaína que estaba tan cara.

El joven aprendió todas las mañas, se las sabía de todas, todas. Alguna vez incluso le robó plata a su madre para venderla. Todas sus tarjetas de crédito estaban saturadas. Sencillamente, para él ¡no había límites! Cuando estaba en su casa siempre se quedaba encerrado en su cuarto hasta la madre de droga y la mamá se hacía la que tenía mucho por leer, mucho por limpiar o mucho por dormir.

Su padre los había abandonado y su madre estaba deprimida desde entonces. Lo amaba mucho y no pudo soportar que se fuera con su mejor amiga. Entonces, en realidad, la protección desmedida a su hijo era producto de un odio profundo hacia todo lo que ese joven representaba porque era igualito a su papá: tenía los mismos ojos, caminaba como él y todos los días de su vida desde que se fue ¡lo recordaba por Rodrigo, su hijo!

El dinero se fue acabando y cuando eso ya fue obvio, "el Rodri" tomó sus cosas y se largó… Susana vivía llena de pastillas que tragaba por puños, ya sin agua. Nunca le encontró un sentido a su propia vida, vivió de los recuerdos, del dolor y la frustración.

Acabó con todo y me pregunto: ¿se destruyó en el nombre del amor?

Caso 14

Ella es una mujer muy protectora y el divorcio le cayó muy mal. Sintió que sus hijas quedarían desprotegidas sin una

159

figura paterna. Las cosas entre ellos iban fatal desde el día en que se casaron, pero con el paso del tiempo, nacieron "las niñas" y la situación se volvió crítica porque él se violentaba con Leticia por cualquier motivo.

Para que sus hijas no vieran eso como ejemplo, ella decidió divorciarse con todas las de la ley. Ya no aguantaba más. El odio que surgió entre la pareja era irreparable.

Sin embargo, ya divorciados, a él le tocaba visitar a sus hijas cada quince días…

Leticia no perdía la oportunidad de decirles a diario a Sonia y Blanca, "las niñas", que su padre era un hombre extraordinario, que todo el tiempo pensaba en ellas, que trabajaba para ellas —aunque mes con mes olvidaba depositar el dinero que le correspondía— , que era el más lindo, el más encantador y ellas eran muy afortunadas de tenerlo como padre.

Así transcurrieron algunos años. Leticia se sentía orgullosa por la estabilidad de sus hijas porque, al fin y al cabo, y gracias a sus "mentiras piadosas", contaban con una figura paterna (imaginaria en este caso)…

Un buen día, la mayor, Blanca, de siete años, comenzó a hacerse pipí en la cama. La mamá, muy preocupada, le preguntó qué tenía.

—Nada, mamita, nada...

Lo que sucedía es que las visitas quincenales con el papá se hacían cada vez más difíciles para Blanquita porque la nueva novia de él abusaba de ella en la oscuridad del baño. La tocaba y luego abría los grifos, la sujetaba por el cabello, la ponía bajo el agua y la amenazaba:

—Si le dices a tu mamá, te mato.

Y Leticia ni enterada de esta situación…

Meses después, y tras mucho empeño por parte de la mamá, Blanquita le confesó lo que esa bruja le hacía cada

Ah, qué bonita la familia Román González! Quedaba la más pequeñita de todos, que ya tenía su noviecito, y válgame la sorpresa que se llevaron cuando les comunicó a papá y a mamá:

—¡Me voy a vivir con él!

Difícil aceptar esa decisión, pero…

—Bueno, gordo, ni modo, los tiempos han cambiado. Nuestra tarea es ver que los muchachos estén bien y ese jovencito se ve que es bueno, anda, vamos a apoyar a nuestra hija.

En menos de dos años la casa quedó vacía. Ella pasaba las tardes llorando, sola, entretenida en una que otra actividad, a la espera de que su marido llegara para poder conversar con alguien, vivía en su nido ahora solitario.

Una mañana recordó que en su niñez había querido ser maestra, pero pensó: "Es demasiado tarde, estoy grande y me voy a ver muy ridícula, además ¡ya soy abuela! y qué van a pensar mis nietos. Mejor aquí, solita esperando como siempre a mi gordo. Por cierto, ya lo extraño, aunque apenas son las diez de la mañana y él llegará como hasta las nueve de la noche, no sé por qué tengo la sensación de que el tiempo pasa muy lento para mí…".

Caso 16

Después de un divorcio y de tener dos hijas con su primer marido, empezó a salir con un hombre muy guapo de ésos cuyo físico llama tanto la atención que puedes llegar a olvidar sus carencias. Y él tenía muchas. Por ejemplo, pasaba horas en el gimnasio, sin trabajar, exigía comer siempre atún con lechuga, ni hablar de salir a tomar una copita, bailar o desvelarse en una reunión de amigos. ¡¿Cómo?, si tenía que llegar al gimnasio a las seis de la mañana! Y parece broma, pero de hacer el amor ni hablar porque los anabólicos y

quince días. La mamá entró en un *shock* nervioso
creerlo! Su impulso fue agarrar una pistola y v
esa vieja…

—Pero, Blanca, mi niña, ¡¿por qué no me dij

—Mamita, yo confío en ti, ¿como te voy a de
papá y su novia son unos monstruos y que me h
malas? Si tú todo el día me hablas bien de él y r
maravilloso, lo bueno, lo bondadoso, que es, y
que se preocupa por nosotras…

Leticia entendió, en un segundo, el error
cometido…y aprendió a no ponerle moñito algun
extra a quien no lo merece. Es mejor que los hij
sin una de las figuras parentales, pero que en
franqueza y honestidad. Este hombre era un
aportaba nada, no era responsable y hoy, como d
perdido la patria potestad de sus hijas porque
¡defendió a su noviecita!

¡Qué importante fue para Leticia dejar de s
aspecto, una mamá de teta grande!

Caso 15

Cuarenta años de matrimonio muy estable, hijos y
a punto de terminar la universidad, un marido m
dor, buen hombre. Ella, una mujer entregada, si
la casa en orden, buena cocinera, buena ama de c
sonriente y bondadosa…

De pequeña la ilusionaba ser maestra de Histori
le fascinaba esta materia. Pero Mario se atrav
camino. Se enamoraron, se casaron, llegaron sei
vida transcurrió, así de simple. Ni siquiera se
cuando ya casi todos estaban titulados, algunos i
familia, otro por casarse y una estudiando en el

esteroides habían inhibido su apetito sexual (es decir, no había manera de que se le… ¡¿queda claro?!)

La rutina era la misma de lunes a lunes: de cinco a seis horas de ejercicio, más de mil quinientas abominables (sí, lo escribí bien), un regaderazo, comer en casa después de ver un poco la tele, regresar al *gym* para trabajar una o dos horas más, hacer uno que otro pendientito y… a descansar.

Ella inició un negocio de venta de ropa a domicilio: viaja, la compra en Estados Unidos y la trae para vender. Y, bueno, en realidad no le va mal, llega a ganar de veinte a treinta mil pesos mensuales, libres de impuestos.

El acuerdo entre la pareja es que ella trabaja, trae el dinero al departamento que ella rentó y amuebló, le da coche a él para que pueda moverse y él, a cambio, maneja el dinero, paga las cuentas, se encarga de las compras en el supermercado y demás.

¡Claro! Ni un peso de ese dinero está destinado a sus hijas porque el papá es muy puntual en el depósito mensual, las trae en BMW con chofer y todo lo que sus princesitas necesiten, él lo provee. Que quede claro, sólo a ellas, ¡nada para la mamá quien, como es evidente, no tiene acceso alguno a las cuentas en donde el ex deposita!

En fin, planteada la situación de esta mujer, poco antes del 24 de julio, día de su cumpleaños, le pide a su "Hércules" que la lleve a su restaurante favorito para cenar una ensalada y quizá dos copitas de vino con una de esas pastas a los cuatro quesos que tanto le gustan.

—¡¿Pasta a los cuantos quesos?! ¿Que no ves que tienes unos kilitos de más? (Si ella tiene unos de más, yo, Fernanda, estoy hecha un cerdo pesando cincuenta y cuatro kilos. No se imaginan el cuerpazo de esta mujer, pero continúo…) Además, ¿a qué hora vamos a terminar de cenar? Ya sabes que no me gusta desvelarme; al día siguiente tengo que ir al gimnasio muy temprano y no quiero llegar a "jalar" sin fuerza. Tenerme como estoy cuesta un precio, ¿eh, mi chiquita? (Sí, lo imaginaste bien, aquí es donde la toma de la barbilla con sus dedotes.) ¿Por qué mejor no te invito a desayunar una claritas de huevo, con jugo de toronja que es muy bueno para cortar la grasa y por ser tu cumple puedes agregarle un nopalito asado? ¿Qué te parece? ¡¿Rico, no?!

—Sí, guapo, lo que tú digas.

—Pero tú pagas, ¿okay?...

Caso 17

Ella aparece en televisión desde hace años, es una figura pública, una mujer conocida por muchos y respetada. A los cuarenta y cinco años de edad encuentra a un hombre de quien se enamora perdidamente y deciden casarse.

¡Cómo cambiaron las cosas después del matrimonio! Antes él la acompañaba a los viajes, a sus giras artísticas; era paciente con ella a la hora de los autógrafos en los lugares públicos; le sugería el vestuario; decía que la admiraba, que era muy bella; le enviaba flores por docenas a los camerinos de los sitios donde ella se presentaba; la visitaba y le aplaudía fervientemente; era un hombre espléndido; parecía bien educado; manejaba como campeón las relaciones públicas de ella; como era abogado, le sugería qué firmar y qué no; protegía sus intereses... En fin, la lista de supuestas cualidades del príncipe que se convirtió en sapo era muy larga.

Se casaron de blanco y negro con la intención clara de no tener hijos y él se mudó a su casa, una casa muy grande, con buen jardín, con la servidumbre adecuada para no mover un dedo, chofer y guaruras. Decidieron abrir una cuenta juntos… pero, un buen día, a la Cenicienta se le acabó el gozo.

Todo empezó en un restaurante en el que se reunieron para comer. Ella le comunicó que tenía que viajar a Puerto Rico para hacer dos presentaciones.

Él, de la nada, le levantó la voz y le reclamó:

—Estoy hasta la madre de tus viajes, ¿no te das cuenta de que me tienes harto, pendeja?

Los ojos de la artista se abrieron como platos. Por un instante pensó que no había escuchado bien.

Entonces, él remató con un:

—Ya es hora de que abandones tu trabajo de estrellita. Si me quieres, lo dejas, se acabó… ¡La cuenta, por favor, la señora no se siente bien!

De ahí en adelante todo eran gritos y quejas.

—¿Cómo renunciar, cómo dejar de hacer lo que me conociste haciendo y que te gustaba tanto compartir? —le preguntaba ella en voz baja—. ¿Qué te pasa, ya no me admiras?…

La violencia salió a relucir de forma brutal. Él la golpeaba del cuello hacia abajo para que no se notaran los golpes. El silencio se apoderó de la pareja y un gran abismo se construyó entre ellos en menos de seis meses.

Ella no sabía si él consumía drogas, si tenía otra mujer o ¡qué demonios le pasaba! La empezó a aislar emocionalmente del mundo.

La artista se presentaba ya con serias dificultades en el escenario; olvidaba las cosas; su rostro, aun con mucho maquillaje, se veía triste, consternado, hinchado.

Si bien sus presentaciones han disminuido, ella sigue trabajando. Hoy se debate entre su profesión y el hombre que hace tiempo la hizo feliz. En su interior hay una pequeña esperanza de que él vuelva a ser el mismo de antes…

Caso 18

Ella vivió sola muchos años. En realidad tuvo pocos novios en la adolescencia y con ninguno deseó formar una familia. El tiempo pasó y se dedicó a trabajar y a llevar una vida muy tranquila. Una mujer poco sociable que vivía con el recuerdo constante de la muerte de sus padres, un evento traumático: a los catorce años recibió una llamada en la que le avisaban que estaban muy graves en el hospital tras un terrible accidente automovilístico... murieron cinco días después.

La tristeza le impedía relacionarse, vivía como en automático. Salía temprano de su casa, trabajaba, comía en la oficina y seguía trabajando; en la noche llegaba a ver un poco de televisión y a dormir para empezar con la misma rutina el día siguiente. Uno que otro fin de semana se animaba a salir a caminar o a tomar un café con su única amiga. En su vida no sucedía nada, la monotonía la consumía poco a poco, el desinterés era cada día mayor.

Hija única, cuidada por sus abuelos, se independizó cuando ellos fallecieron y decidió comprar un departamento bonito. De vez en cuando hablaba con una tía que tenía en Guadalajara...

Francamente, su vida era muy depresiva.

Un día tocaron a la puerta de su departamento y encontró a su vecino, quien le informó que tenía una fuga de gas. Con gran amabilidad, él le avisó para que salieran de ahí de inmediato...

Desde ese día hasta la fecha viven juntos, él tiene veintiséis años y ella, cuarenta y dos. Con el tiempo empezaron a vivir las complicaciones de la diferencia de edad, pero ella pretende que no pasa nada.Le tolera todo a Javier, quien llega tarde, a veces se desaparece, le pide dinero y, en realidad, la ve como si fuera su madre.

Ella le tiene la ropa limpia, la comida calientita, lo mantiene, aunque sabe que le roba y que anda con una muchachita menor que él. Se queda calladita. Nada la hace explotar. Su mirada es cada vez más triste... ¿Quién sabe qué pasa por su mente?

Ha dejado de tomar aquel cafecito con su amiga, sigue trabajando y desde hace dos meses empezó a tomar unas pastillas muy raras que no le recetó el médico.

Días antes, Javier le pidió trescientos mil pesos para irse fuera del país...

Caso 19

Grandes amigas desde la primaria, Alicia y Mónica ya tenían diecisiete años y recientemente fueron juntas por tercera vez a que Mónica se hiciera un aborto del mismo novio. El dolor físico era terrible, pero no había de otra, sus papás la matarían si se llegaran a enterar.

—Vale la pena, amiga, tú sabes que adoro a mi novio y por él soy capaz de todo...

La relación de Mónica con el muchacho era bastante fuerte. Llevaban dos años y ocho meses. Se conocieron en casa de unos amigos de la escuela. Ernesto era atractivo, divertido, con dinero, poco inteligente, muy celoso y con ganas enor-mes de comerse al mundo. Ella, muy bonita, coqueta, bien vestida, con mucha más cultura que él, más "viajada", de mejor familia...

Ya habían probado juntos "las bondades" del sexo, la droga y el rock'n roll y la pasaban bien: muchas desveladas, buenas jarras, grandes fajes, cine, amigos, viajes de fin de semana a Acapulco, centros comerciales, discotecas, buenas cenas. Era, aparentemente, un buen noviazgo. Los papás de ambos se llevaban de maravilla, de vez en cuando las mamás se llamaban por teléfono para saludarse y preguntarse cómo iba todo con Ernestito y Moni. Estaban muy contentas por la relación.

—Qué afortunadas somos de que nuestros hijos estén tan felices. ¿Ya te avisaron que el próximo fin se van a Acapulco con unos amigos?…

Las conversaciones entre las consuegras eran eternas.

Vivían lo que muchos se atreven a vivir a esa edad, lo que ellos dirían "es normal". Lo único que no le parecía normal a su amiga Alicia, que convivía mucho con ellos, era que Mónica pagaba sus abortos y Ernesto no la acompañaba.

Además, había presenciado fuertes discusiones entre ellos:

—Pareces golfa, quítate esa minifalda, yo no te saco así, ¿que te crees?… ¿Qué te hiciste en el pelo? No me fastidies, te ves horrible… Ayer no me gustó cómo fajamos, eres una atascada… Ya empezaste a llorar, qué hueva me das… ¡Qué onda con ése que te volteó a ver, le voy a romper la cara!, ¿para qué lo provocas?… Ya me saliste otra vez con tu chistecito, ¡ya párale!, eres muy bruta y ni me digas nada, ya sabes lo que tienes que hacer…

Alicia vivía sorprendida de lo que Mónica era capaz de soportarle y resolverle a su noviecito. No podía creer que su amiga de toda la vida permitiera que le hicieran tanto daño. La amistad entre ellas empezó a perderse después de un día en que, en el antro, Alicia vio cómo Mónica, tras una fuerte discusión con su novio, se hincó para pedirle perdón a Ernesto y él la arrastró del cabello hasta la puerta, a gritos y patadas.

Alicia, paralizada, observaba la escena y pensaba: "Pero si crecimos juntas, la conozco bien, conozco a su familia. ¿Qué le pasa a Mónica? Ya no es la de antes, Ernesto la tiene enferma…".

Caso 20

Pregunto: ¿habrá hombres que se comportan como mamás de teta grande? Porque en el caso de Roberto parece que así es. Su padre murió cuando tenía seis años; le sobrevivieron sus tres hermanas, su mamá y él.

Hoy tiene cuarenta y siete y hasta ahora no se ha casado porque el cuarteto de mujeres que lo rodea siempre ha espantado a todas las candidatas. Es un empresario exitoso, dueño de muchas tiendas en todo el país, gana muy bien para darse algunos lujos, pero hasta la fecha su prioridad son sus hermanas, ya casadas, a quienes les da una ayudada mensual (por abajo del agua) y a su madre, que va por el tercer matrimonio. Basta que el teléfono suene y escuche la voz de alguna de ellas para que Roberto afloje la chequera "para lo que se les ofrezca".

No se percata de que ya no le piden, ¡le exigen! y el asunto no resulta ser para ellas una cuestión de esfuerzo o de ayuda que tenga que agradecerse o pedirse por favor, no, ¡es una obligación!

La mamá es la peor de todas: cuando no es el abrigo de animalitos matados (muertos) por los chinos, es el anillito con la roca verde o el cochecito cuatro puertas porque le encantan los espacios muy grandes para estirar las rodillas que se le cansan mucho, ya no digamos la casita en la que poco falta que el cuarto de los "guaruras" (pagados por él) tenga mármol.

La vida de Robertito es y será un eterno despilfarro y no se diga la extensión de herencia (indirecta, claro) para los cuñaditos que son un dolor de... Pobre hombre, nadie le quiere entrar con él y sus cuatro tigresas y, bueno, tiene su dinerito, no es tan feo... ¡Vaya lo que el padre muertito le dejó de encargo! Y él auténticamente se echó la responsabilidad al lomo y de por vida. ¿Será una mamá de teta grande versión masculina?

¿Habrá tantos como él como para ameritar el que escriba otro libro?...

Nota de la autora: en todos los casos las coincidencias con la realidad que me rodea son eso, simples coincidencias. Si tú, lectora, sabes de algunos casos y deseas compartirlos conmigo, envíalos a fernandalibros@randomhousemondadori. com.mx. Quizá sean publicados en un futuro como eso, "meras coincidencias en la vida real de las mamás de teta grande".

En relación con los casos narrados y con los muchos que estoy por conocer gracias a ti, recuerdo un libro muy leído titulado *El libro tibetano de la vida y la muerte*, de Sogyal Rimpoché, en el cual encontré una reflexión que considero importante. Se refiere a cómo caemos en pautas de conducta repetitivas y muchas veces lo que queremos es liberarnos de ellas, pero sentimos que no tenemos la fuerza, ni sabemos cómo hacerlo. Ansiamos liberarnos pero, como si fueran una adicción, seguimos adentrándonos en ellas, cada vez más.

Creo en la transformación y en que la lectura del poema que presento a continuación, llamado *Autobiografía en cinco actos*, nos llevará a que poco a poco podamos generar ese cambio y dejar de vivir acontecimientos que no nos gustan. Que seamos capaces de vernos desde una trinchera distinta, en la cual no caigamos y caigamos y caigamos en el mismo tipo de relaciones o nos "enganchemos" con personas que tengan los mismos perfiles dañinos.

Cuando leí esta breve autobiografía me di cuenta de que se pueden seguir opciones distintas, de que todo depende de nosotras.

La escribe Nyoshul Khenpo y espero que te guste.

1) Bajo por la calle,
   Hay un hoyo profundo en la acera,
   Caigo dentro,
   Estoy perdido... me siento impotente.
   No es culpa mía.
   Tardo una eternidad en salir de él.

2) Bajo por la misma calle,
   Hay un hoyo profundo en la acera,
   Finjo no verlo,
   Vuelvo a caer dentro.
   No puedo creer que esté en el mismo lugar.
   Pero no es culpa mía.
   Todavía me lleva mucho tiempo salir de él.

3) Bajo por la misma calle,
   Hay un hoyo profundo en la acera,
   Veo que está allí,
   Caigo en él de todos modos... es un hábito.
   Tengo los ojos abiertos.
   Sé dónde estoy.
   Es culpa mía.
   Salgo inmediatamente de él.

4) Bajo por la misma calle,
   Hay un hoyo profundo en la acera,
   Paso por el lado.

5) Bajo por otra calle.

Encuesta

Con el propósito de enriquecer el libro que tienes en tus manos contamos con las opiniones de cincuenta mujeres y cincuenta hombres mexicanos a quienes se les plantearon preguntas para lograr una muestra.

Estoy segura de que estarás de acuerdo conmigo en que los resultados son de gran importancia e interés, y en buena medida corroboran el planteamiento que hemos estado revisando.

A continuación presento las preguntas y sus correspondientes resultados.

Mujeres

Pregunta

¿Eres una mujer protectora?

Respuestas

86% = Sí
12% = No
2% = No respondió

De todo el universo que dijo Sí, respondió que protege, en primer lugar, a los hijos, luego a los padres, la pareja (esposo o no) y los hermanos. En menor escala mencionaron a otras personas (entre familiares y amigos) y seis de ellas no respondieron a quién protegen.

Pregunta

¿En qué lugar estás en la lista de prioridades de tu vida?

Respuestas

52% = Primer lugar (argumentan que para poder brindar protección a los demás tienen que estar bien consigo mismas)

40% = Segundo, tercero y hasta último lugar de la lista (anteponen a sus familiares cercanos: hijos, padres)

4% = No lo ha pensado

4% = No contestó

Pregunta

¿Has mantenido a un hombre?

Respuestas

80% = No

20% = Sí

Pregunta

¿Qué es lo más fuerte que has hecho por proteger a alguien?

Respuestas

22% = Apoyar a alguien, emocional o económicamente

10% = Olvidar que soy mi prioridad

10% = Arriesgar mi salud, mi vida o mi casa

Otras respuestas menos recurrentes fueron: cuidar la salud de alguien, golpear, mentir, retirar el habla, demandar penalmente, sacrificar cosas materiales y guardar secretos. De las cincuenta encuestadas, cuatro dijeron que hasta ahora no han hecho nada por nadie y otras cuatro no respondieron.

Pregunta

¿Tienes límites en cuanto a proteger a alguien?

Respuestas

54% = Sí (sobre todo por dar autonomía, respetar, cada quien es responsable de sus actos y no agredir físicamente)

46% = No (en especial cuando se trata de los hijos y por cuidar a los demás)

Pregunta

Si no te consideras una mujer protectora, ¿a quién conoces que lo sea y por qué?

Respuestas

58% = No respondió (por considerarse mujeres protectoras; sin embargo, las respuestas se diversificaron, pues la cifra disminuyó con respecto a la pregunta número uno, donde el porcentaje fue mayor, 86%)

16% = Todas las mujeres son protectoras porque es su naturaleza, por cultura, por instinto o por amor

24% = Familiares y la mamá, entre otras

Metodología

Se eligió, al azar, a 50 mujeres, mayores de 30 años. Encuesta realizada por Érika Pedroza Luna.

Hombres

Pregunta

¿A los hombres les gusta sentirse protegidos? ¿Sí? ¿No? ¿Por qué?

Respuestas

66% = Sí
22% = No
10% = A veces
 2% = Le resulta indistinto

Con respecto a los que respondieron Sí, 45% esgrimió razones como las siguientes: por sentir seguridad, por sentirse amado, por sentir apoyo moral y económico. Otras razones fueron: porque es indispensable, por haber sido hijo único y por tener equilibrio en pareja. Con respecto a los que respondieron No, los argumentos fueron: porque el hombre tiene la necesidad de proteger, porque son el pilar de la familia, porque no les gusta depender de alguien y porque no es necesario.

Pregunta

¿Qué piensas de las parejas mujeres que actúan como mamás en función de los hombres?

Respuestas

28% = Está mal
16% = Crea dependencia, son dominantes y sobreprotectoras
14% = No respondió
 8% = Está bien
 6% = Las admiran

Entre otras respuestas dieron las siguientes: es una decisión personal, es una cuestión natural, es patológico, crea un círculo vicioso, es falta de identidad, es inseguridad. Incluso uno mencionó que le da coraje y uno más cree que esta actitud ha disminuido.

Pregunta

¿Hasta dónde te gusta que una mujer te proteja?

Respuestas

22% = Término medio
18% = Hasta donde no afecte su libertad
18% = No le gusta

Entre las respuestas menos frecuentes resaltan: prefieren apoyo en lugar de protección, son decisiones de pareja, está bien mientras no llegue a la sobreprotección y ellos sigan ejerciendo el control, hasta donde no se note, hasta donde no se sientan humillados. Destaca que cinco de ellos respondieron: hasta donde den sus posibilidades (de la mujer) y dos apuntaron que no hay límites. El 6% no respondió.

Pregunta

¿Tu pareja y tu mamá se parecen?

Respuestas

80% = No
16% = Sí

Los que dijeron que Sí lo relacionaron con el carácter y la condición de ser mujeres. Otras razones fueron que ambas están de acuerdo en la no injerencia en la pareja o en que son interesadas. Como dato curioso, uno mencionó "afortunadamente sólo en el físico". Uno no respondió y uno no tiene pareja.

Pregunta

¿Qué opinas de la "mamitis"?

Respuestas

26% = Está mal
10% = Es inseguridad, aunque no mencionó de cuál de las dos partes.
 8% = Se debe a un problema psicológico, aunque tampoco especificó de quién
 8% = Se presenta hasta cierta edad

Otras respuestas menos significativas fueron: es un lastre de la sociedad, es un complejo, es inmadurez, debe ser equilibrada, es ridículo, crea dependencia, es una culpa compartida, es una enfermedad. Otros tres mencionaron que destruye las relaciones de pareja. Uno no respondió.

Pregunta

¿Qué es lo más fuerte que una mujer te ha resuelto?

Respuestas

26% = Nada
22% = Sobre todo cuestiones de apoyo moral y/o económico, sin mencionarlas en específico
18% = Su perspectiva de la vida

Otras respuestas menos significativas fueron: problemas judiciales y/o legales, pleitos, el trabajo, el carácter y los hijos. El 4% no sabe/no contestó y como dato curioso uno sólo respondió: "las fantasías sexuales".

Metodología

Se eligió, al azar, a 50 hombres mayores de 30 años. Encuesta realizada por Érika Pedroza Luna.

Sentir, amar, sufrir y sacrificarse,
será siempre el texto de la vida
de las mujeres.

HONORÉ DE BALZAC

6. Cruda realidad

Hace poco conocí a Walter Riso. Sabía de su existencia por el gran número de libros que ha escrito. De pronto, llegó a mis manos uno de ellos, que me movió más todavía en el tema de mamás de teta grande. Se titula *Los límites del amor*... ¡Qué manera de identificarme con ese libro porque en realidad no había en mí tales límites y esto reafirmaba la posibilidad, una vez más, de asumirme como una teta enorme! Aprecio mucho su colaboración para este tema.

En este capítulo encontrarás también los conocimientos y la opinión de la doctora Alexis Schreck. Ella me adentró en el mundo del psicoanálisis al recomendarme con un psicoanalista, de quien mantendré reservado su nombre por razones obvias y con quien he invertido más de dos años en terapia. El resultado es que he observado un cambio importante en la manera de "verme en realidad". Tengo que contarles que, después de una amistad de muchos años con Alexis, en una mesa del restaurante San Ángel Inn surgió de las dos la idea de hacer este trabajo, conscientes de que las mujeres necesitamos hablar de lo que somos capaces de hacer por amor, de nuestras frustraciones, de los miedos que nos envuelven, de las formas como nos relacionamos con el otro, en fin... de todo aquello que hoy día "padecemos" porque, al principio y al final, ella y yo somos mujeres y hablamos el mismo idioma.

Walter Riso

Walter Riso, reconocido psicólogo clínico y escritor, se ha acercado de manera muy especial al sufrimiento humano, con la intención de entenderlo desde varias ópticas: la filosofía, la psicología y la antropología. Convencido de la necesidad de volver a la sencillez y recapacitar sobre los grandes legados de la sabiduría, a la filosofía antigua y, en particular, a los griegos, se enfoca en la aplicación de estos conocimientos en nuestra vida moderna.

En las filosofías antiguas, dice Riso, subyace una sabiduría perenne, una sabiduría oblicua que ha durado a través de todas las épocas. En los siglos V y IV antes de Cristo surgen Buda, Lao Tsé, Confucio, Zaratustra, Sócrates, es decir, los presocráticos.

El filósofo Carl Yaspert llama a esa época el eje axial porque en ella ocurre una explosión de un conocimiento muy auténtico, muy intenso, que nos ha marcado a lo largo de toda la historia y aún nos marca.

Sin embargo, en la modernidad o posmodernidad quizá nos hemos olvidado de ir a las fuentes, esas fuentes donde está el origen de una sabiduría muy limpia. Hay que volver a ellas para encontrar muchas respuestas, para rescatar esa sabiduría ancestral.

Si ligamos este tema con el de la mujer, con facilidad yo diría que desde la antigüedad, en distintas eras a ésta puede definírsele como nodriza. Es aquella que se siente redentora, salvadora, o desea desempeñar ese papel. Es aquella que sólo se percibe realizada en el aspecto afectivo, que piensa que únicamente la amarán si da y da sin esperar nada a cambio. Ésa es su teoría.

Entonces, cuando esta mujer se topa con un hombre desamparado, un hombre pobre, un hombre fracasado, un hombre alcohólico, un hombre débil, un hombre niño, lo "adopta", se hace cargo de él. Alberga la esperanza de salvarlo y emprende ese proceso por el cual lo acoge en su seno y hace el amor con él, un amor que para ella significa dar.

Sin embargo, después de un tiempo la mujer entra en un periodo contradictorio: el hombre niño empieza a demandar. En su faceta de niño, hace pataletas y quiere más. Ese hombre le exige una ropa mejor, buena comida y toda clase de privilegios.

Y ¿qué sucede con la mujer? Al enfrentar esta situación entra en un estado de frustración primero y después de ira, incluso de violencia psicológica por ambas partes. Como es natural, la actitud de la nodriza cobra tintes violentos cuando empieza a sentir que no es retribuida; se siente atrapada en esa relación y se resiente. A su vez, empieza a demandar retribución, algo que no puede ofrecerle el hombre niño, porque éste es un receptor compulsivo de afecto, no un dador.

Esa relación dador-receptor para un solo lado termina por convertirse en un tormento y la mujer, aunque sabe ya que debe salir de esa relación, no es capaz de hacerlo porque la culpa no se lo permite. Es una culpa hasta cierto punto inexplicable, pero ahí está: le remuerde la conciencia de dejarlo, de verlo sufrir. Eso demuestra que la mujer con este tipo de personalidad requiere ayuda psicológica.

La mujer nodriza, o mamá de teta grande, tal vez provenga de una familia disfuncional en la que logró ganarse el amor de los padres por medio de su rendimiento, de su capacidad para resolver problemas. Es muy posible que sus padres hayan sido obsesivos, perfeccionistas y exigentes ("Si sacas diez, te quiero"), o bien, desorganizados y con poca estructura, por lo que la niña tuvo que madurar antes de tiempo para asumir su papel de cuidadora y hacerse cargo de una mamá alcohólica o de un papá que era un desastre. Y, como sucede tantas veces, su subconsciente la lleva a repetir esos patrones en su vida adulta; al fin y al cabo, es la única forma de relacionarse que conoce.

Al crecer, por alguna razón, parece atraer a hombres necesitados, ésos son los que la buscan. Como suele tratarse de una mujer muy inteligente, muy eficiente, que cumple el papel de hacer las cosas bien y rápido, sus atributos generan una sensación de seguridad en él.

En el fondo ella padece un serio problema de autoestima. Hay una gran distancia entre su yo real y su yo ideal, entre lo que es y lo que le gustaría ser. Sufre inseguridad y baja autoestima, lo que la orilla a pensar: "Si no me entrego hasta la coronilla, no me va a querer; me quiere por lo que le doy, no por lo que soy en el fondo". Es una gran dicotomía entre el ser y el tener.

La sexualidad de la mamá de teta grande suele ser complicada porque también en ese aspecto es una dadora compulsiva; por eso algunas son geishas. En sus relaciones esta nodriza se desborda en una ternura exagerada porque está cuidando al niño.

Lo que busca es la felicidad de él, aspira a que él esté satisfecho sexualmente.

En la lista de prioridades de la mujer de este tipo ella ocupa un lugar ínfimo. Los intereses y preocupaciones de él valen cien veces más que los de ella. Si el tipo está desempleado, ella mueve cielo, mar y tierra hasta encontrarle trabajo. Si él tiene un problema, ella le llama trescientas veces al día para ver qué avances ha habido al respecto o, de plano, lo resuelve. Es una solucionadora compulsiva de dificultades y, como el otro es perezoso o vago o comodino —o si no lo era, adquiere esas características—, ella construye el monstruo que acabará por devorarla. La responsabilidad es suya porque al cuidarlo tanto, el tipo, que es inseguro, toca el cielo con las manos, se recuesta y se deja querer. Si al hombre niño se le da la mano, él toma el brazo completo. Es terrible.

Es muy probable que este hombre niño haya tenido una mamá de teta grande. En mi libro *Intimidades masculinas*, analizo los diversos tipos de hombres, cómo somos y cuáles son los hombres niños.

Insisto, la mamá de teta grande requiere ayuda profesional para revalorarse, reinventarse y empezar a establecer relaciones saludables con hombres no niños, hombres maduros en el aspecto emocional, hombres que sepan qué es lo que quieren. El meollo del asunto es que ella teme que el hombre maduro no la querrá. En algunos pocos casos la nodriza toca fondo, lo cual funciona como un despertar. Entonces dice: "Me cansé" (se ha vaciado para darle al otro), y ese cansancio resulta liberador para ella.

Otra opción es que aparezca otro hombre que no sea niño, otro hombre que la sane, que la acoja como es, un hombre independiente que pueda manejar su propia vida. Eso sería el paraíso para ella.

Pero, qué caray, el patriarcado defiende sus derechos, el patriarcado manda, el que tiene el control es él, no ella. En apariencia él vigila, controla y protesta como un niñito que no quiere comer, pero, ¿quién tiene en realidad el control: la mamá que regaña al niño todo el día o el niño que hace las pataletas para que mamá lo regañe?

El término mamá de teta grande no necesariamente describe el papel de este tipo de mujer en el seno de la pareja. Más bien, se asocia con la nodriza, la que da de comer y nutre a quienes la rodean.

Esta mujer protege al otro. ¿Hasta dónde es conveniente cuidar y proteger? En tanto la necesidad del otro sea racional y fundamentada; en tanto no resulte dañina para él ni para otros.

Imagina este ejemplo: mi pareja tiene necesidad de cometer actos indebidos. ¿Le ayudo yo a cometerlos? No. Entonces, si las necesidades no son dañinas ni para él ni para otros, si no violan mis principios, obviamente yo puedo protegerlo. Pero, desde luego, no quiero ser su cómplice, no quiero cobijar a alguien y dejar que empeore más y más.

Las nodrizas, o mamás de teta grande, se dejan llevar por sentimientos fuertes, como la ansiedad, el miedo a la separación y la obsesión por el otro, el fastidio, la ira y el temor a hacerle daño a la persona a quien supuestamente aman, viven con un miedo irracional por completo. Las nodrizas son codependientes, son mujeres que adoptan a su pareja.

¿Cuál sería la forma ideal para deshacerse de tales sentimientos, para salir de situaciones en las que éstos se generan? La respuesta es simple: con terapia. Dado que se trata de un problema de dependencia emocional, la mejor solución es un proceso terapéutico, o bien, la consulta de publicaciones especializadas en el tema que brindan ayuda muy valiosa.

Recomiendo dos libros míos que complementan el tema: *Intimidades masculinas* y *Amar o depender*.

Alexis Schreck

El tema de las mamás de teta grande, el hecho de que la mujer se postule como la que le resuelve todo al hombre, me hace pensar que, por un lado, su motivación es sentir que en ella nada falta y, por otro, demostrar que en él todo falta.

Es decir, tal actitud representa una trampa para el hombre porque lo coloca como el necesitado e inútil y a ella la ubica como la gran solucionadora, ocupando un lugar muy narcisista, como si de nada careciera. Sin embargo, a la hora de los golpes, a la hora de las verdades, cambia de posición y reclama todo lo que entregó, hizo, puso, etcétera. En pocas palabras, lo cobra.

En consecuencia, acaba por convertir al hombre en un paralítico emocional que no sabe cómo responder a las exigencias de la vida cotidiana, ya no digamos las de una mujer.

¿Por qué inutilizamos a los hombres en el aspecto emocional? Para hacerlos dependientes, para lograr que les hagamos falta. No puede ser que un hombre pueda volar a la Luna y solucionar cualquier cantidad de dilemas en una computadora, pero no sea capaz de prepararse un huevo frito o de cambiar un pañal. Hay mujeres que alejan a los hombres de sus hijos: ellas son las únicas que pueden amamantar, que saben darle biberón, medir la fiebre y cambiar pañales. Desde ahí ya los inutilizan. Y con esta percepción crecen los hijos varones.

Como resultado, puesto que piensan que sólo la madre tiene la posibilidad de resolver la problemática de la vida cotidiana y emocional, el varón se aleja de los hijos. Éstos, al buscar una identidad, ya no encuentran al padre, se pegan a la madre y, más adelante, buscan en la pareja, en la esposa, a otra madre que les resuelva los asuntos emocionales.

Al afirmar que tal actitud es narcista quiero decir que la mujer en efecto cree que ella, dado que nada falta en su interior, puede serlo todo para alguien. Pero, no, una no es todo para nadie, ni siquiera para una misma, y tampoco lo tiene todo. En el momento en que te sientes completa y que eres todo para alguien, que llenas los huecos del otro y ese otro va a llenar los tuyos, hablamos de una situación narcisista porque eso no es posible. Hay que saber renunciar a esa manera de actuar, lo mismo que a tener el hombre perfecto, a querer que este hombre esté cómodo y no se vaya.

También hay la mamá de teta grande sumisa. Ésta maneja la manipulación —"Yo que hago todo por ti, yo que te cambio el foco y te cocino"— ya que depende del hombre, quien se ve obligado a cuidarla por siempre, a no dejarla, a no divorciarse de esta infeliz: "Pobrecita, ¿qué va a ser de ella sin mí?"...

En cuanto a la cuestión económica, sucede lo mismo: "Yo te cuento cuentos como Scherezada y así me mantengo con vida; te cuento que no sé hacer nada, que soy inútil, que no puedo trabajar, que estoy muy ocupada con los hijos; por tanto, no asumo una responsabilidad económica y aseguro mi subsistencia".

Schopenhauer no estaba tan equivocado. Decía que las mujeres pasan por un breve momento de esplendor en el que logran atrapar la imaginación de un hombre y, de esta manera, aseguran su subsistencia a expensas de éste. Es otra forma de jugar con el poder del sexo, en este caso del propio. Acusamos mucho al machista, pero también nosotros nos colocamos en este lugar. Jugamos una dialéctica en el que uno toma el poder y otro lo otorga o lo ofrece, pero habrá que ver quién lo tiene en verdad. Para que el amo exista es necesario que alguien esté dispuesto a colocarse en el lugar del esclavo.

Con respecto a la mamá de teta grande sumisa, puede parecer que ella desempeña el papel de la esclava, de la que ha otorgado el poder al hombre, cuando, en realidad, es más poderosa. Por su sumisión logra controlar a los hijos, al hombre y a toda una dinámica familiar.

Supongamos que hay mamás de tetas grandes que para esta alturas del libro ya se identificaron como tales, pero, ¿quieren seguir siéndolo? Si no les importa, si así creen que nacieron, así quieren ser, así quieren vivir, como psicoanalista, mi opinión es que si les funciona, ¡adelante! Si hay una tuerca oxidada para un tornillo oxidado, aunque los dos estén oxidados, pues embonan y trabajan bien. En la medida en que la mamá de teta grande quiera cambiar, también tendrá que cambiar su tornillo y eso implica un enorme sacrificio. Si vive contenta como es, es su decisión. Pienso que en este libro se aborda lo que es la codependencia: este tipo de mujer provoca que el hombre sea dependiente y ella entra en esa codependencia.

¿Qué es la codependencia? Es alimentar o retroalimentar la dependencia del otro. Yo dependo de que mi marido sea alcohólico, porque si dejara de beber ¿qué haría con un esposo sobrio? ¿Cómo voy a jugar mis cartas, cómo voy a jugar mi juego con ese marido sobrio si estoy acostumbrada a que siempre esté borracho, a que le saco el dinero de la cartera y le reclamo que viva ebrio? ¿Si de esa manera yo obtengo el beneficio de que me pida perdón, me dé regalos y no me exija porque le genero culpas por ser alcohólico? Es decir, si deja de beber y se vuelve un alcohólico seco, como dicen, a partir de ese momento va a demandar más de mí y requerirá que me coloque en otro lugar. Y, ¿en realidad quiero eso?

Esta teta grande que se agarra del hombre fomenta que él no necesite hacerse cargo de su vinculación emocional.

Me preguntas, Fernanda, si estas mujeres sufren. Creo que muchas veces sí y muchas veces, no. Quizá sea una cuestión de conveniencia. Como mencionas en este libro, es posible que a las mujeres de mucho poder o fama o prestigio o dinero les convenga convivir con un hombre que acceda a todo lo que ellas deseen hacer para permanecer en su posición, para no soltar ese poder. Me refiero a un poder real, poder mediático, poder en el trabajo. Una mujer con un puesto muy importante tal vez necesite a un hombre que acepte acompañarla a cenas y otros eventos, que no le exija, que jale para el lado de ella porque él no tendrá lo suficiente para ofrecerle.

A menos que él se las cobre por debajo del agua. En ocasiones el hombre utiliza otras vías para agredir a esa mamá de teta grande, quien siempre, de alguna manera, será una referencia de su propia madre omnipotente, omnipresente, omnipoderosa. En su necesidad de separarse de una mamá originaria, este hombre tenderá a lastimar a la de teta grande.

Un ejemplo de estas formas de agresión es no hacer. Se le pide que haga una sola cosa durante el día —"Paga las colegiaturas"— y no cumple. Aduce que lo olvidó o se endeuda o pierde el dinero o compra algo para la casa y va y se lo cobra a la mamá de teta grande. Eso resulta muy ofensivo: ¡una sola cosa le encarga a cambio de todo lo que le da y ni siquiera eso puede resolver!

La agresión es pasiva, no frontal. No es algo que pueda discutirse, sino más bien, que enoja a la mujer, la desespera. Sin embargo, no puede confrontarlo porque él, supuestamente, lo hizo sin querer, no lo recordó, no se dio cuenta.

Imaginemos que una mujer ya se percató de que es una mamá de teta grande y quiere dejar de serlo, quizá porque se vio reflejada demasiado en estas páginas. ¿Podrá cambiar? No lo sé, pienso que podría requerir varios años de psicoanálisis porque, en definitiva, serlo te da un lugar estratégico en la vida y renunciar a él no es fácil. ¿Cómo te ubicarás ahora, desde dónde, cómo cambiar este lugar, qué tipo de contrato vas a cerrar con el otro?

Si no logra realizar esa modificación, inconscientemente seguirá en busca de unirse a hombres a quienes pueda controlar. Si se topa con uno que es diferente, ¿cómo hacerle si ella está casi oxidada? Si él va a ser el hombre proveedor, protector, ¿cómo tendría que ubicarse ella? Porque si es muy taconeadora, como dicen las españolas que bailan flamenco, a ver si se le acerca un hombre al que le gusta ser el protector, y a ver si ella lo deja serlo.

Tal vez sea muy negativa esta visión de que la única vía para dejar de ser una mamá de teta grande es la de la terapia y que sólo después de muchos años habrá el cambio de tuerca que le abrirá el panorama para relacionarse con otro tipo de personas. Acaso lo sea, pero, en verdad, no creo que resulte tan fácil. Digamos que esa mujer que quiere cambiar se relaciona con un hombre que es todo lo que dijimos: el proveedor, el varón fuerte, pero que en el momento (o en ciertos momentos) no lo es tanto. El cambio tendrá que esperar.

Además, no sé si en el fondo estas características importen. Tal vez esas cosas se midan mucho en la cama, donde se dirime un gran número de diferencias: si hay buen sexo, no importa que seas mamá de teta grande; pero si hay mal sexo, te cobro por el hecho de que lo seas.

De igual modo, pueden medirse con el dinero, que es un significante del afecto o de la sexualidad, de lo que puedes dar, cómo vas. Podría negociarse o renegociarse un contrato que desde afuera, desde la estructura, funcione para el interior. Podría ser verbal, mediante una terapia de pareja o un acuerdo nupcial entre los dos miembros de la misma, mediante una discusión sincera.

Tengo la sensación en esta conclusión de que, al fin y al cabo, con todas las parejas con las que nos relacionamos hacemos un contrato. Aunque no sea verbal, es un contrato establecido en el que yo seré la protectora y tú calladito que así te ves más bonito, o en el que tú serás el protector y yo, la sumisa. Esto es, hay números, hay cláusulas, en el contrato de cada uno. Creo que lo importante de este ejercicio de reflexión sobre la manera en que nos relacionamos y con quién nos relacionamos es ver cómo es nuestro contrato en función de esa persona, cómo podemos rascarle para ver sus cláusulas.

Además, es necesario reformularlo de manera verbal o tácita con constancia, a medida que ocurren cambios en la vida: uno se casa, tiene hijos, le va mejor en el aspecto económico o le va peor, se muda de casa...

Como tal, un buen día llega el momento de decir: "Hoy ya no estoy de acuerdo en seguir siendo una mamá de teta grande, ya no quiero eso, hoy quiero esto o lo otro; hoy quiero que proveas un poco más en este aspecto, hoy deseo otras cosas". Lo importante en esas circunstancias es comunicar dichas decisiones. Entonces podrá apreciarse si la pareja tiene los mismos deseos y si hay suficiente flexibilidad por parte de ambos para ajustarse a la reinstauración de la relación.

De manera primordial, hay que analizar y dialogar: ¿Por qué estamos unidos tú y yo, cómo nos llevamos, cuáles son tus prioridades y cuáles las mías, cómo nos relacionamos, qué terrenos no debemos pisar, cuáles pisamos constantemente, dónde no debemos meternos, dónde estamos hasta el cuello? El diálogo hará que lo que suceda se maneje de manera consciente, que no se esconda debajo del tapete.

Sin embargo, hacerlo así no quiere decir que en verdad ocurra porque puede haber ciertas tendencias difíciles de cambiar en cada uno. De ser así, habrá que ver qué posibilidades tiene la pareja de efectuar estos cambios y reformular su relación. Si se trata de una pareja que se queda anquilosada y no puede o no quiere llevarlos a cabo porque no convienen, o si es una pareja cuyo deseo de seguir juntos es superior y es capaz de movilizarse, puede ser una pareja joven incluso al llegar a los ochenta años de edad, una pareja nueva, una pareja dinámica en el sentido de la flexibilidad.

Para mí la mamá de teta grande es esta mujer que nutre al hombre en todos los sentidos. Pienso en una fotografía de una escultura de barro con una indígena que carga a un hombrecito, no un bebé sino un hombrecito, y le da pecho. Me remite a la imagen de una mujer que amamanta en el sentido de ofrendar toda su energía al hombre, que lo nutre, para que él después vaya a jugar al patio mientras la mamá se queda a ver qué ocurre con los hijos. Nosotros amamantamos a nuestros hijos, pero ellos se van a jugar y les importa un comino si nos dejan sin energía, cansadas, desnutridas o no. El problema de la mamá de teta grande es ¿quién la cuida a ella?, ¿quién la nutre a ella? Ella da pecho y nutre siempre, y después tiene que ir al refrigerador y buscar su comidita para renutrirse.

La primera conclusión es que nadie te va a nutrir más que tú y eso es triste. La mujer debería preguntarse: "¿Eso es lo que quiero para mi vida, estar siempre amamantando sin que me nutran a mí? ¿Eso es ser una pareja? ¿Que no sepan qué hacer conmigo, con mi tristeza, con mi dolor, con mi falta de ganas y de energía, con mi cansancio, o también, con mi exceso de ganas? ¿Cómo manejarán mis deseos de vivir la vida de forma diferente?".

Otra reflexión es si acaso actuamos como mamás de teta grande porque así nos hubiera gustado que nuestras mamás se comportaran con nosotras y hacemos con nuestras parejas lo que hubiéramos deseado que hicieran toda la vida con nosotras: que nos nutrieran, nos apapacharan, nos escucharan, nos entendieran, nos atendieran, se conectaran afectivamente con nosotras y nos miraran en toda la dimensión de lo que somos y no de lo que deseaban que fuéramos.

No sería sólo cuestión de enfrentar cómo vivo hoy con mi pareja, sino cómo me relacioné también con mi madre; me parece fundamental. Como psicoanalista no puedo pensar de otra manera. Si no revisamos cómo fueron nuestras primeras relaciones y cómo se dieron a lo largo de nuestros primeros años de vida, repetiremos los mismos esquemas en el presente. Al analizar tu propio camino encuentras el presente y el futuro, tu propio devenir en esta vida; y si tu tuerca o tu tornillo están oxidados (haciendo referencia al pene y a la vagina como representación del hombre y la mujer), tienes que decidir si eso es lo que quieres o no. Si avanzas en saber más de ti y estar más consciente de cómo actúas y por qué, es posible que limpies tu tuerca y ya no quieras estar con un tornillo oxidado. Es un proceso en el que tienen que participar ambos.

Podríamos concluir que la que es mamá de teta grande en la edad adulta lo es porque le faltó nutrición emocional por parte de su mamá en la infancia, pero también porque no tuvo un padre cercano y protector a quien referirse de alguna manera como hombre. Por consiguiente, esta mujer se dedica a cumplir con la función del padre: proteger, cuidar, alimentar y sustentar en el ámbito económico. Eso porque en su infancia no hubo un padre a la redonda que lo hiciera. Estaba trabajando o, incluso si se encontraba en la casa, no lo estaba en realidad. Las razones en este último caso podrían ser dos: que la madre no le haya dado acceso, como ya mencioné, alegando: "Tú hazte para allá porque no sabes cambiar un pañal o porque éste es mi coto de poder y no puedes entrar en él". O bien, que ese padre se dedique a ver televisión o se distraiga en otra cosa o, en verdad, no sepa ejercer la función paterna que consiste en reglamentar, poner límites, aportar, proveer.

He reflexionado sobre mis conferencias con respecto a la mujer y el posmodernismo, y pienso que éste no tiene que ver con la mujer de teta grande. Creo que esta última característica es algo que ha existido desde siempre, sólo que se manifiesta de otras formas, sobre todo en lo económico. En la actualidad la mujer goza de un poder económico que antes no tenía. Tal vez ahora se expresa esta problemática también en ese ámbito y lo complica mucho. Radica en la posibilidad de decir "te mantengo" y en el hecho de que el poder que la mamá podía tener en la familia o en la dinámica con el marido ahora también lo puede ejercer en lo económico o en lo social. Eso complica las cosas y deja al hombre confundido en cuanto a su rol.

En los cincuenta años recién pasados, la mujer ha experimentado más cambios que en todos los milenios juntos, y eso es muy fuerte. Ahora deben reestructurarse tanto los roles del hombre como los de la mujer, y ¿de qué forma se hace eso? ¿Desde dónde y cómo se reformarán, cómo se reinstaurarán? Serán diferentes para cada uno. Algunas mujeres querrán seguir llevando una vida hogareña y otras optarán por trabajar. Eso complica las relaciones. Antes todo era más sencillo y esto, evidentemente, potencializa el divorcio en gran medida.

En efecto, antes los roles eran mucho más claros. En la medida en que la mujer no contaba con poder —ni siquiera podía votar—, no podía ocupar un puesto o ganar dinero, en esa medida también se sentía más en esta función de ser pareja, de tener una familia. Cada quien poseía su coto de poder y ahora eso está por completo mezclado. Antes era un valor en sí mismo ser parte de un matrimonio, cuidar de una familia, se estuviera o no feliz. Ahora ese valor se pierde y se buscan otros tal vez un poco más efímeros, como la felicidad: hoy por hoy quiero ser feliz, hoy quiero estar contento. Ya no nos fijamos esta meta de tener una familia y sacarla adelante durante años.

Las mujeres no entendemos bien a bien lo anterior. Creo que no necesitamos ocupar un lugar de disputa con el hombre, sino de modificación de los roles de ambos. Podemos ser más flexibles y alternarlos. Y tal vez el rol más importante se da en la cama porque ahí encuentras otro tipo de roles, quizá más auténticos. ¡En la cama es difícil encontrar mamás de teta grande porque ahí sí nos dejamos penetrar! Por eso creo que hay que actuar más en la cotidianeidad como si estuviéramos en la cama. Al dejarnos penetrar en la vida cotidiana quizá también podremos adentrarnos más y entender las tendencias de los hombres a actuar, a pensar y a resolver los asuntos de cierta manera.

La mujer de corazón puede servir para todos;
la que sólo tiene talento, para muy pocos.

TALES DE MILETO

7. Test. ¿Eres una mamá de teta grande?

Hace algunos años conocí a una mujer llamada Hebe di Filippo y gracias a ella y al grupo Herrmann aprendí más sobre mi cerebro, cómo funciona, con qué tipo de personas trabajo, cómo me relaciono con los demás, en fin, datos muy interesantes.

Me habló de la Dominancia Cerebral, teoría de acuerdo con la cual nuestro cerebro se divide en cuatro comportamientos posibles, y que analizaremos en este capítulo.

Al decidir escribir este libro, le solicité al grupo que elaborara un test serio y confiable con respecto a las emociones relacionadas con el tema aquí tratado. Confío plenamente en el trabajo que ha realizado este· grupo, así como en su honradez.

Dejo este capítulo en manos de Hebe y de su equipo de trabajo en el Ned Herrmann Group de México.

Ellos son expertos en esta materia, ¡sin duda!

Me llamo Hebe y tengo una historia que contarles:

Nueve cuarenta y cinco de la mañana, 10 de enero de 2007. Suena el teléfono y oigo la voz de Maru Ramírez que me indica que Fernanda quería hablarme. Quiero aclarar que con Fernanda y su equipo llevamos una larga relación, ya que nos conocimos hace varios años y he seguido su actividad diaria en radio cada vez con mayor entusiasmo.

Aquella mañana nos solicitó que participásemos en su libro con el compromiso de lograr que las lectoras encontraran una forma de identificarse con el esquema que ella nos plantea en el primer capítulo. ¡En qué medida son mamás de tetas grandes!

Ante tal propuesta, la primera impresión fue de darle las gracias por la oportunidad de participar en un proyecto como éste y luego... ¡a generar ideas que lleguen a las lectoras!

Ahí comenzó la actividad febril en el Ned Herrmann Group de México.

Con mi equipo comenzamos a intentar ubicar, mediante el esquema del Modelo Herrmann de Dominancia Cerebral, cuáles serían las características de la Mamá de Teta Grande (que en adelante llamaremos MTG) en función de sus posibles estilos de pensamiento.

En este capítulo las lectoras reconocerán qué tipo de MTG somos por medio de un cuestionario para obtener un perfil que nos ayudará a entendernos.

Para darles una idea de cómo lo hicimos, déjenme explicarles que en nuestra empresa nos dedicamos a apoyar a organizaciones y personas en el logro del desarrollo personal, la innovación y el liderazgo por la vía del autoconocimiento que aporta el Estudio Herrmann de Dominancia Cerebral.

Aclaremos conceptos: ¿qué es Dominancia Cerebral?

La Dominancia Cerebral se explica como la tendencia de cada uno de nosotros a tomar, del menú que nos proporciona nuestro cerebro, ciertas áreas con mayor preferencia que otras.

Dada esa elección, cada uno de nosotros es "único" en su forma de percibir la realidad. De hecho, si pudiésemos plasmar un dibujo de la forma como nuestro cerebro procesa el pensamiento, éste se parecería a una huella digital distinta en cada persona.

Así es como intentamos dibujar la huella digital de la MTG, tomando en cuenta que esta mamá:

- A pesar de que nadie le pide ayuda, quiere resolverle la vida al mundo entero.
- Tiene plena seguridad de que el otro no puede solucionar sus dificultades sin ella.
- Organiza para ser querida y reconocida.
- Ama tanto al otro que sin él no puede vivir.
- Encuentra soluciones de diversos tipos para lograr que todo se vea "color de rosa".
- Cuando el proceso lo requiere, ejerce control y manipulación de las partes involucradas para que la armonía no falle.
- Siente que ella es la indicada para hacer las cosas bien.
- Le gusta ser reconocida por quienes la rodean; es la "bondadosa de la familia", entre otros atributos.

© Ned Herrmann Group de México

En esta imagen identificarás qué es lo que sabe hacer nuestro cerebro en cada una de las cuatro áreas especializadas del modelo Herrmann.

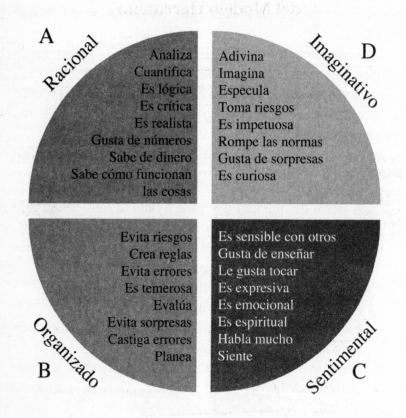

Y luego:

La huella digital de la MTG
por medio de una adaptación
del Modelo Herrmann

	A	B	C	D
Código del perfil	2	1	1	2
Puntaje	50	95	100	55

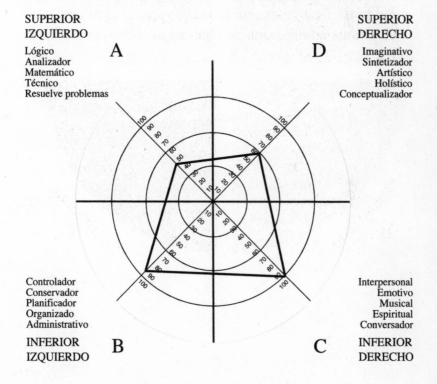

SUPERIOR IZQUIERDO

Lógico
Analizador
Matemático
Técnico
Resuelve problemas

A

D

SUPERIOR DERECHO

Imaginativo
Sintetizador
Artístico
Holístico
Conceptualizador

Controlador
Conservador
Planificador
Organizado
Administrativo

INFERIOR IZQUIERDO

B

C

Interpersonal
Emotivo
Musical
Espiritual
Conversador

INFERIOR DERECHO

© Ned Herrmann Group de México

¿Qué quiere decir esta "huella"?

Responde a las premisas que citamos al principio de nuestro análisis. Por eso podemos afirmar que la MTG es servicial, decidida, cuidadosa en diversos aspectos y amorosa. Su interés se basa de preferencia en los demás y es posible que en algunos casos ella sea la última de la lista, más allá de saber si esto es bueno o malo.

Me gustaría contestar con otra pregunta:

Y tú ¿cómo eres?

En la próxima página presentamos una forma de buscar tus características individuales para que luego puedas sacar conclusiones. Para ello te sugerimos llenar el cuestionario según las indicaciones que se te proveen en el mismo.

Volvemos contigo una vez que hayas obtenido tu Perfil MTG.

Marca con una √ el rectángulo que mejor se ajusta a tu respuesta.

Nota: al contestar las expresiones referentes a los hijos, si no tienes, puedes considerar a tus sobrinos u otras personas muy allegadas a ti que representen ese rol.

	Muy de acuerdo	De acuerdo	Neutral	En desacuerdo	Muy en desacuerdo
1. Evito tener que asumir riesgos					
2. Al dar un consejo generalmente empiezo por hacer un análisis crítico de la situación					
3. Sorprendo a mis amigos con ideas innovadoras					
4. Ante un obstáculo, no me importa romper las reglas					
5. Procuro llevar la batuta de las situaciones en las que estoy involucrada					
6. Tengo un presupuesto de gastos para la casa					
7. Se me facilita integrar mis ideas con las de otros					

© Ned Herrmann Group de México

	Muy de acuerdo	De acuerdo	Neutral	En desacuerdo	Muy en desacuerdo
8. Necesito que me reconozcan para sentirme bien					
9. Antes de emitir una opinión investigo sobre el tema del que se trata					
10. Fomento que mis hijos hagan planes para el futuro					
11. Soy muy estricta cuando se trata de la disciplina de mis hijos					
12. Busco complacer a mi pareja en todos los aspectos posibles					
13. Le propongo a mi pareja actividades fuera de nuestra rutina					
14. Cuando tengo que pagar una cuenta, reviso con cuidado que me cobren lo justo					
15. Hago planes financieros sobre la educación de mis hijos					
16. Planeo mis actividades diarias					

© Ned Herrmann Group de México

	Muy de acuerdo	De acuerdo	Neutral	En desacuerdo	Muy en desacuerdo
17. Cuando hablo con mis amigos soy breve y concisa					
18. Me gusta dar afecto					
19. Tengo un lugar para cada cosa					
20. Normalmente actúo por intuición					
21. Me desagrada todo lo que limite mi libertad					
22. Me siento segura de mis acciones					
23. Doy ayuda sin que me la pidan y puedo convencer a otros de que ayuden					
24. Soy puntual cuando me reúno con mis amigos					
25. Las cosas que hago son para darle gusto a quienes quiero					
26. Genero ideas y busco nuevos caminos siempre					
27. Antes de tomar una decisión analizo con profundidad datos y cifras					

	Muy de acuerdo	De acuerdo	Neutral	En desacuerdo	Muy en desacuerdo
28. Presiento cuáles son las necesidades de mis hijos					
29. Estoy al pendiente de las fechas y acontecimientos importantes para mis amigos					
30. Sé que los beneficios de mis intentos llegarán algún día					
31. Al planear vacaciones con mi pareja le presento un plan de viaje con un itinerario detallado					
32. Por lo general mi pareja y yo tomamos las decisiones financieras conjuntamente					

Una vez contestadas las 32 expresiones (listadas en desorden en el cuadro siguiente), asígnales los valores indicados, según la escala siguiente.

Muy de acuerdo 12 puntos	De acuerdo 9 puntos	Neutral 6 puntos	En desacuerdo 3 puntos	Muy en desacuerdo 0 puntos

Cuadrante A		Cuadrante B		Cuadrante C		Cuadrante D	
2		1		8		3	
6		5		12		4	
9		11		18		7	
14		16		20		10	
15		19		23		13	
17		22		25		21	
27		24		28		26	
32		31		29		30	
TOTAL							

Ejemplo: Si en la expresión 2 contestaste "De acuerdo", asigna a esa respuesta el valor 9 y colócalo en la columna situada a la derecha del número 2. Así, de manera sucesiva, asigna valores hasta poder sumar los totales respectivos en cada columna.

© Ned Herrmann Group de México

Coloca los valores totales de cada cuadrante en las diagonales que se encuentran dentro del círculo de la siguiente gráfica y une los cuatro puntos para obtener el papalote que habla de en qué medida eres una MTG.

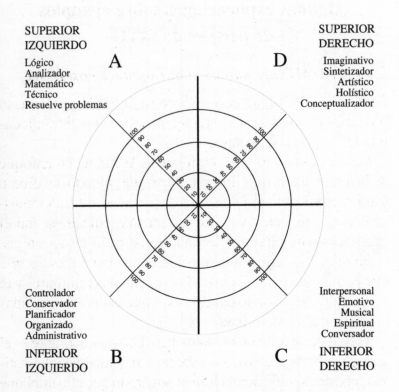

Te felicito por darte el tiempo de tener este encuentro.

Te deseo que, cualquiera haya sido la imagen que muestra un acercamiento a la MTG que eres tú, llegues a tu corazón, le cuestiones cuán plena eres e identifiques cuáles son aquellos anhelos que has dejado de lado por los roles que te han impuesto una cultura, una educación y una historia familiar.

Algunas explicaciones sobre ejemplos de perfiles de MTG

Si tu perfil MTG se parece al que aparece enseguida

Podríamos decir que, con respecto a la MTG genérica, tú poseerías algunas de sus características con distintas modalidades, como las siguientes.

Mayor desarrollo en el **cuadrante A**: habría un enfoque de la realidad con más tintes realistas, de cuidado del dinero y un mayor acercamiento a la objetividad de las circunstancias que te toca vivir. Podrías ser más cuidadosa con el presupuesto familiar y el destinado en específico a los hijos.

En lo que se refiere a la relación con la pareja, es posible que compartan el análisis de las necesidades familiares y el tipo de relación con los amigos sin que éstas estén teñidas de demasiada emotividad.

Mayor desarrollo en el **cuadrante D**: este cuadrante es el soñador, el imaginativo, que sabe buscar soluciones alternativas; podría existir disciplina en el hogar, sin que ello implique una alta rigidez que impida la expresión natural de los integrantes de la familia o los caminos diferenciales que desee cada uno de ellos.

© Ned Herrmann Group de México

En cuanto a los amigos, tal vez seas selectiva y compartas con ellos, de preferencia, intereses intelectuales y estilos de vida similares.

Este tipo de mamá suele tener menos conflictos que la MTG, ya que su objetividad y una mayor visión holística le permiten salirse de la telaraña emocional en la que una MTG típica suele encontrarse.

	A	B	C	D
Código del perfil	1	2	1	1
Puntaje	72	60	69	72

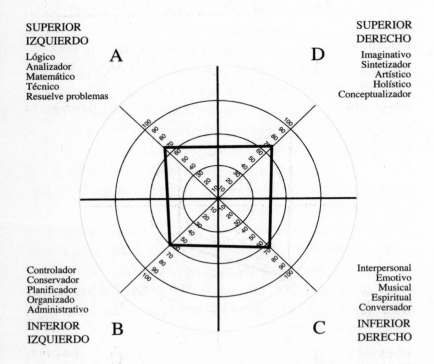

SUPERIOR IZQUIERDO

A
Lógico
Analizador
Matemático
Técnico
Resuelve problemas

SUPERIOR DERECHO

D
Imaginativo
Sintetizador
Artístico
Holístico
Conceptualizador

INFERIOR IZQUIERDO

B
Controlador
Conservador
Planificador
Organizado
Administrativo

INFERIOR DERECHO

C
Interpersonal
Emotivo
Musical
Espiritual
Conversador

© Ned Herrmann Group de México

Si tu perfil se parece al de este ejemplo

Tu vida no se teñirá de los dolores del mundo. Los conocerás y te conmoverás, pero no querrás intervenir en todo ello. Te compadecerás, pero hallarás razones para entender y continuar. Eres realista y tiendes a ser objetiva en todos tus roles. Cuidarás los colegios que escoges para tus hijos, así como que tus amistades y las de ellos sean afines. Tu casa tendrá lo que la familia necesita. El orden y la disciplina son natos en ti. Los amores serán duraderos y selectivos, con un toque de tradicionalismo como ingrediente natural.

	A	B	C	D
Código del perfil	1	1	2	2
Puntaje	100	95	50	50

SUPERIOR
IZQUIERDO

Lógico
Analizador
Matemático
Técnico
Resuelve problemas

A

D

SUPERIOR
DERECHO

Imaginativo
Sintetizador
Artístico
Holístico
Conceptualizador

Controlador
Conservador
Planificador
Organizado
Administrativo

INFERIOR
IZQUIERDO

B

C

Interpersonal
Emotivo
Musical
Espiritual
Conversador

INFERIOR
DERECHO

© Ned Herrmann Group de México

Si resultas más parecida a este otro perfil

Por tu tendencia a tener intereses diversos, quizá te preocupes por muchos temas con una sensibilidad que te sobrecoge ante lo que encuentras. La disciplina puede ser un rol que prefieres delegar. El orden no será tu obsesión, aunque por tu sentido estético podrías propiciarlo. La aceptación de la diversidad fomentará que tengas una pareja muy parecida a ti o que cubra las aspectos o actividades que prefieres no realizar. Tus amigos pueden ser cercanos y de estilos diferentes y tu acercamiento, de distinto tipo e intensidad. Este rol sería bastante cambiante porque se relaciona con tus actividades del momento.

	A	B	C	D
Código del perfil	2	2	1	2
Puntaje	50	50	100	95

SUPERIOR
IZQUIERDO

Lógico
Analizador
Matemático
Técnico
Resuelve problemas

A

D

SUPERIOR
DERECHO

Imaginativo
Sintetizador
Artístico
Holístico
Conceptualizador

Controlador
Conservador
Planificador
Organizado
Administrativo

INFERIOR
IZQUIERDO

B

C

Interpersonal
Emotivo
Musical
Espiritual
Conversador

INFERIOR
DERECHO

© Ned Herrmann Group de México

Si tu perfil se parece al de la MTG descrita al inicio del capítulo

Con seguridad te sientes feliz con la forma como eres. Tienes una familia a quien adoras y que te adora.

Tu pareja contará contigo de manera incondicional.

Tus hijos sabrán que ante cualquier necesidad, tú tendrás las ideas, el tiempo y el contacto justos para encontrar la solución.

Tus amigos te llamarán hasta en horas inusitadas porque eres quien sabe escucharlos y tiene no sólo la palabra adecuada, sino la forma, la receta, el camino...

Pero te pregunto: ¿cuántas veces has tenido momentos de "fragilidad", en esas etapas donde tu hija, hijo, sobrina o nieto enfrentan un problema, tu amiga no logró ser contratada para el trabajo que esperaba o tu pareja no está en sus mejores circunstancias? Y, ¿por qué, cuando tú te has sentido cansada, con deseos de quedarte en casa, de disponer de tiempo para leer, escuchar música o prestar atención a esa contractura muscular debida a todo lo que has manejado en el día o las actividades extra que surgieron para solucionar problemas de otros, no te has atendido?

No está mal pretender ayudar en las situaciones descritas, si tú consideras que es importante para ti. Pero, si en ocasiones te sientes harta, si tus hijos te llaman "Supermamá-n", si te duele la cabeza con frecuencia o tu sistema inmunológico te envía mensajes mediante las diversas gripes o resfríos que has padecido a últimas fechas, ¿no será éste el momento para que revises un tanto tu vida?

Dale gracias a esa "fragilidad".

Si lo que has hecho hasta ahora es tu misión en la vida, todo está bien. Sólo ten cuidado con los desajustes de tu salud, de tu estado de ánimo, de los conflictos que aparecen sin que encuentres su motivo.

Para que no te pierdas en la gama de actividades que han de complacer a los que te rodean, te proponemos que observes esta imagen.

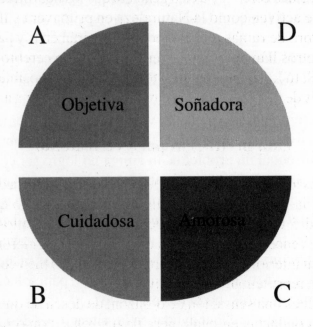

Pasea por cada una de esas posibilidades en este proceso de **despertar**.

Si puedes ver la realidad desde otro ángulo, ésta te presenta otro formato, más curvo y sin aristas cortantes.

Si cuidas de ti con mayor frecuencia, los momentos de fragilidad serán de descanso, sin un contorno gris que no te alegra la vida.

© Ned Herrmann Group de México

Si "amas a tu prójimo como a ti misma", la armonía en ti aparecerá como por arte de magia.

El ingrediente final es: *no dejes de soñarte y comenzarás a caminar sobre nubes*.

Al hacer lo que tu ser interior te sugiere, habrás ejercitado tu plasticidad cerebral, la cual generará que los neurotransmisores se activen como la Naturaleza en primavera y llenen tu cerebro de ramas que al crecer florecerán en ti y para ti.

Nosotros llamamos a lo anterior "uso de un cerebro integral". Si tú lo intentas, seguro te divertirás y es posible que, después de todo, termines por recomendárselo a una amiga.

Una invitación para reflexionar

Cuántos logros has obtenido por medio de esa historia donde tú eres la protagonista. Aquello que recibiste de lo que te antecedió o el aprendizaje debido a los obstáculos que supiste vencer y que a lo largo del tiempo consiguieron que desde tu interior pudieras decirte que te sientes bien contigo misma, representan algo maravilloso.

Si tienes una sensación de desazón, de deseo de que algo en tus conductas en cualquiera de tus roles, como pareja, como miembro de una familia, como amiga, no continúe, si piensas que ya es hora de un cambio en el que *tú* seas la preferida para ti misma, entonces sigue adelante y repasa cada uno de esos acercamientos amorosos que son importantes en tu vida.

Como una perfecta chef, prueba cuánta sal y pimienta le hacen falta al primer platillo y no sólo eso, sino cuáles hierbas lo harían más aromático, qué otros ingredientes le darían más color y sabor; qué forma de presentación haría que cuando lo hayas servido te quedes extasiada ante tu obra de arte.

Continúa así con cada una de las creaciones que estás preparando en tu propio laboratorio culinario imaginario.

Hazlo paso a paso, sin prisa, nada ha de suceder si no contestas el teléfono justo ahora cuando estás hablando *contigo*. Hay una sola comunicación factible, ésa que estabas esperando tener para que mañana no sea un día más. Que puedas levantarte y no te lleve la inercia de otras veinticuatro horas.

¿Te viste tentada a llamar a "tu amiga del alma" para comentarle lo que tantas veces se han confesado? Lo que quisieran lograr, hacer, deshacer...

Estás con la experta, la que sabe lo que necesitas, la que tiene todas las respuestas, estás frente a **ti**.

No pierdas esta oportunidad, no es casual que hayas comprado este libro o que te lo hayan prestado porque alguien te dijo que había pensado en ti al leerlo.

Llegó el momento de encontrar el espejo que te muestre lo que tú quieres ser y hacer.

Regresa a tu centro

Para ello te sugerimos una manera de terminar o comenzar el día.

Mírate, dibuja en tu mente la imagen que quieres encontrar al observarte; mírala con toda claridad, muy detalladamente, desde la cabeza hasta los pies, con todo lo que tu mente y espíritu puedan proveerte. No hay prisa, estás en el momento mágico del *encuentro*.

No desaproveches esta oportunidad por motivo alguno.

Cierra los ojos y guarda esa imagen con todo lo que implica. ¿Cómo te sientes allí adentro, dueña de esa escultura que te provee el acercamiento profundo a **tu ser** y al camino que cada día has de recorrer para mantenerte **viva, siempre nueva, etérea** y **fugaz**, sin perder las cualidades para vivir el día con día con entereza y confrontando la realidad?

Te observo desde afuera y veo la magia de la transformación que he percibido en tantos seres que se han visto hacia adentro y descubrieron la luz que les permitió tener armonía consigo mismos, la cual han transmitido, incluso sin palabras, a quienes les rodean en todos sus roles.

¡Que éste sea *tu* momento!

Para *ti* con todo respeto desde mi corazón.

Delante de una mujer,
nunca olvides a tu madre.

JOSÉ MARÍA VIGIL

Dibujo de Marco A. Echeverría G., inspirado en la escultura *Pareja II*, mármol de Charlotte Yazbek.

8. ¿Con qué te quedas?

Estar consciente es darte cuenta. Podríamos ejercitarnos en darnos cuenta de que el otro no tiene por qué satisfacer nuestras carencias ni nuestras necesidades. Es algo que depende cien por ciento de nosotras mismas. Nadie llena nuestros vacíos y mucho menos alguien cubre lo que nosotras mismas no nos damos. Qué diferente sería percatarnos de que podemos desarrollar nuestras capacidades afectivas y no depositar en el otro esa responsabilidad. ¿Es más importante que me quieran a que **yo** me quiera?

Creo que debemos trabajar en estar con alguien para crecer, compartir, querer, disfrutar, pero no porque *lo ame* y ese sentimiento sea el que mueva todo mi ser.

Recordemos que cambiar a alguien no es posible, pero cambiar desde nuestra óptica sí lo es. El hecho de que alguien nos ame no lo convierte en adivino para estar al tanto de lo que deseamos. Las parejas no salvan, no rescatan, no resuelven, ésa es una gran equivocación.

Ser felices depende, en esencia, de nosotras, ésa debería ser nuestra gran motivación.

Todos los días, al despertar, elegimos… elegimos bañarnos o no, movernos o no, decir algo o no, trabajar o no, sufrir o no… En nosotras está elegir una actitud mucho más optimista y menos dependiente del otro, y ser mejores personas. La capacidad para vivir en paz, con menos problemas, con más seguridad, con más amor, reside en nuestro interior, no en el mundo que nos rodea. Hagamos de nosotras una prioridad. En todo esto radica nuestra autoestima, ese gran placer de vivir, de ser, de sentirte bien, de estar abierta a la crítica sin sentirte señalada, de autoevaluarte con opinión positiva. Dejemos de presentar síntomas de indefensión, de "¿por qué me tocó vivir así?", de desvalidez… La autoestima es la opinión que tenemos de nosotras mismas… ¿Te imaginas lo que eso impacta nuestra vida diaria?

Me quedo también con la reflexión de que en muchos de los casos presentados en el capítulo 5 algunas mujeres no son víctimas de la situación, sino cómplices del otro. Si nosotras somos las que decidimos serlo, no podemos quejarnos de lo que vivimos porque ello implica la voluntad de estar ahí y no querer estar en otro lado. No podemos coleccionar favores o deudas para instalarnos en el cobro constante por medio de nuestra frustración, de nuestro enojo, y, además, sumergirnos en los lamentos cotidianos de la vida y en una constante depresión que las pastillas no son las responsables de atender.

Después de escribir este libro me quedo con la grandiosa oportunidad que significó expresar mucho de lo que percibo que vivimos las mujeres en el mundo actual. Me quedo con deseos de escuchar a cada una de las lectoras y de que me inviten a sus propias reflexiones… Si a una de ustedes "le cae el veinte", si una de ustedes se identifica con lo que aquí transmito, me identifico contigo y me doy por bien servida al haber invertido tiempo, ganas y esfuerzo a este trabajo de las mamás de teta grande, un revolcón de emociones para darte cuenta de que puedes sentirte y estar mejor en esta única oportunidad de vida que gozas.

También encontré en el desarrollo de este trabajo que las mujeres a cierta edad, en muchos casos cercanas a los cincuenta años, desean dejar de ser mamás de teta grande. Parecería que toman conciencia, ponen un freno y se permiten más a sí mismas. Para algunas ya es demasiado tarde por el dolor causado o por pérdidas irreparables; otras lo intentan con mayor cautela o se van al extremo de decir: "Ya no me quiero relacionar con nadie porque sola es mejor". Me queda claro que la vida se encarga de poner las situaciones en su lugar. Toda mi vida he admirado mucho a las mujeres, pero las admiro más a partir de este trabajo.

¡Ser mujer es una oportunidad de vida tan generosa!

Siempre nos quedamos con algo derivado de nuestras experiencias, algo con lo que nos identificamos según la etapa que vivimos. Estas páginas me abren un panorama muy importante como mujer en lo que se refiere a lo que quiero y lo que no quiero tras concluir este trabajo. No quiero seguir siendo una mamá de teta grande en mis relaciones emocionales, sí quiero llenarme de mí en lugar de vaciarme por el otro.

Hoy logro verme reflejada en otras mujeres a quienes les sucede lo mismo que a mí, es decir, que en la búsqueda del amor puede haber momentos en los que somos capaces de no poner límites a nuestra entrega.

De lo aquí analizado me quedo con mucho: con la frase, por ejemplo, del muestreo en la que un hombre contestó que su mamá y su pareja son iguales "solamente" en el físico.

Esto nos hace caer en cuenta de que seleccionamos lo que vemos en casa. Hace poco vi un video bastante negativo con escenas en las que los hijos hacen exactamente lo mismo que sus padres. Si los padres gritan o se muerden las uñas, ellos lo hacen también. Si critican a alguien, así serán ellos, si el estereotipo de belleza en casa es de cierta manera, eso buscarán ellos en sus parejas. El video se llama *Children see, Children do* (Los niños ven, los niños hacen). Como madres, hemos de ser muy cuidadosas con lo que en casa están viendo nuestras generaciones futuras.

Me pregunto: ¿queremos que nuestras hijas sean serviles, se vacíen por el otro y no se llenen de sí mismas para encontrar la estabilidad y el equilibrio en la vida?

En lo particular, a mí no me gustaría.

Me quedo con la colaboración de todas las mujeres reconocidas que participaron, pese a la limitación de su tiempo... me quedo con que Talina se entrega hasta despellejarse, con que Sabina dice que después de que nos digan no tres veces hay que pensarla y replantearnos qué hacemos allí, con lo valiosas que resultan para algunas de ellas las segundas oportunidades, así como la recuperación de la voz interna y espiritual; con la importancia de conocernos lo más posible y ser menos duras con nosotras mismas.

Tengo que ser franca. En el proceso de redacción de este libro lloré mucho. Me cuestioné, me revelé... Al finalizarlo me sentí con nuevos aires, con la posibilidad de desenclaustrarme de mí misma y de muchos aspectos del exterior. Guardo las conversaciones que de ahora en adelante serán un buen recordatorio para ser mejor persona. Tal vez lo logre en algunos aspectos y en otros no, pero estoy más consciente de la visión que tengo de mí misma desde esa butaca que representa el péndulo que no va tan de izquierda a derecha sino que intenta mantenerse en su centro.

Pensé mucho en el título de *Mamás de teta grande*, quizá porque no iba de acuerdo con gran parte de la imagen que he manejado en mi carrera profesional o porque sentía que podía faltar al respeto a alguien en este sentido. Sin embargo, me animé a utilizarlo porque lo que éste implica no es una imagen, sino también a la mujer de carne y hueso que ha sufrido porque no sabe conducirse en muchos aspectos relacionados con las características de la teta grande. Entonces, queda en tus manos este concepto que salió de mí y que define un estilo de vida, una forma de ser.

Reflexiono sobre las mujeres que con valentía afirman: "Quiero ser mamá de teta grande ¿y qué?, me gusta, lo deseo, para eso vivo, me siento bien...". Todas las decisiones de la vida llevan a algo que llamamos consecuencias, y en tanto te percates de ellas, no sufras por ellas y las asumas, avanzaremos por un mejor camino como género. No se vale quejarnos de lo que nosotras mismas provocamos, ni llorar toda una vida por alguien o por muchos que no pronuncian las palabras correctas o a quienes deseamos controlar. Aun en este sentido hay algo positivo en nuestras decisiones: "Así quiero y así soy *feliz*".

En lo personal me tomó muchos años caer en cuenta de lo que me hacía daño y en *mis* zapatos. Fue en la convivencia en pareja donde brotó toda mi basura emocional. Porque eso no me sucedió ni con mis padres, ni con mis hijos, ni con mis amigos. Fue en pareja que encontré que no tenía límites, que era controladora, que deseaba resolver todo, que podía permanecer a la espera de una bella palabra durante días enteros y al recibirla la festejaba como no se imaginan... ¡era un grano de arena en una inmensa playa pensada, sentida y construida por mí! Y la devolvía aumentada cuatro veces. Ahora esto ya no me sucede. Me parece que hay que trabajar más en lo que es real y no en nuestro imaginario e ideal.

Desde pequeñas leemos muchos cuentos de hadas, recibimos información y educación que pueden llegar a mostrarnos caminos no tan reales y eso afecta, sin duda. Me preocupa que el hecho de ser mamás de teta grande no nos permita relacionarnos en todo nuestro esplendor emocional con alguien a quien en verdad amamos, con quien deseamos formar una familia y compartir la vida.

Me quedo con la necesidad de preocuparme y ocuparme de llenar tantos huecos en mí misma. Me parece necesario ahondar en el concepto de la doctora Alexis del tornillo y la tuerca oxidados; pienso que de ahí se derivan los motivos y las consecuencias de todas nuestras relaciones. Un día alguien me dijo: "Si conoces Europa, cásate con alguien que también la haya visitado. Así podrán conversar sobre lo mismo y vivir cosas en común. No te cases con alguien que haya llegado sólo hasta la esquina, cuando que tú conoces Europa, porque no hablarán el mismo idioma".

Suena burdo el ejemplo, pero está vinculado con lo que citaba la doctora; si estamos al parejo no hay tanto de qué quejarnos, ¿o sí?

Me quedo con los hombres que participaron en este libro con enormes ganas de hablar sobre las mamás de teta grande. Qué maravilla tener de ellos un punto de vista tan claro, tan razonable, tan acertado. Varios compartieron que en su hogar su mamá era de teta grande y lo que eso implicaba para ellos. Aun así, no deja de haber hombres en este planeta en la búsqueda constante de estas mujeres. Si las encuentran, sé que el material que presento también les servirá para darse cuenta y tampoco quejarse de los resultados y las consecuencias de su propia búsqueda.

Este trabajo me ha puesto a pensar mucho en las mujeres que me rodean y en lo que el amor significa... no es egoísmo, no es presunción, es servicial, no es grosero...

Y concluyo compartiendo que ser generosa nunca será malo; sin embargo, nunca hay que olvidarse de una misma, ni vaciarse por el otro porque, ¿qué puedes dar si ya no tienes? ¡Te quedas como el perro de las dos tortas: sin el otro y sin ti!

No es malo ser mamá de teta grande, tan sólo hay que saber cómo serlo.

Decidí abrir un correo en Internet para escuchar tus historias y tus puntos de vista. Estaré pendiente de tus comentarios en fernandalibros@randomhousemondadori.com.mx.

Hoy sé que podemos empezar a regalarnos algo a nosotras mismas que nos haga sonreír y sentir mejor.

Gracias por tu tiempo.

En mi próximo libro, que se llamará *El tamaño sí importa*, hablaré de lo que es realmente relevante: el tamaño de nuestras ganas, de nuestros deseos, de nuestra entrega sexual, de la forma en que las mujeres vivimos nuestra sexualidad hoy día. ¡Hasta entonces!

Datos biográficos

Lolita Ayala

Nacida en la Ciudad de México, estudió periodismo en la afamada Radio y Televisión Italiana, la RAI, en Roma, Italia, e idiomas en la Sorbona de París, en Francia.

Inició en televisión en 1971 una carrera siempre en ascenso al lado de grandes comunicadores mexicanos, como Luis Spota y Paco Malgesto. Se desempeñó como reportera durante dos décadas, para finalmente dedicarse a la conducción y dirección de diversos noticiarios: *En Punto*, *24 horas con Jacobo Zabludovsky* y *Muchas Noticias*, conocido como *El Noticiero con Lolita Ayala*. Su labor periodística ha estado desde sus inicios fuertemente vinculada con su amplio trabajo altruista al frente de la Fundación Sólo por Ayudar, creada en 1985 a raíz de los sismos que sacudieron a México en septiembre de ese año.

Michelle Bachelet

Nacida en Santiago de Chile en 1951, médica cirujana, pediatra y política. Es la actual Presidenta de Chile y la primera mujer en ocupar el cargo. Miembro del Partido Socialista, desempeñó el puesto de ministra de Salud del gobierno chileno entre 2000 y 2002, y asumió posteriormente el cargo de ministra de Defensa. Es la primera mujer en Iberoamérica en ocupar dicho puesto.

Sabina Berman

Nacida en la Ciudad de México en 1956, es dramaturga, poeta, narradora y directora contemporánea.

Estudió psicología en la Universidad Nacional Autónoma de México, y usa la escritura y el teatro para comunicar sus perspectivas sobre el mundo social.

Es una mujer muy exitosa. En sus obras, describe a las mujeres, a los judíos, y a las minorías en la sociedad, en forma de poemas, novelas, ensayos y obras de teatro.

Alejandro Carrillo Castro

Nació en la Ciudad de México en 1941. Es licenciado en Derecho y doctor en Administración Pública por la Universidad Nacional Autónoma de México.

En la actualidad es profesor de sociología en la Facultad de Derecho y Presidente del Instituto Nacional de la Administración Pública (INAP). Es autor de diversas publicaciones, entre las que destaca *El dragón y el unicornio*.

Paty Chapoy

Periodista y conductora. Estudió la licenciatura en periodismo en la Escuela Carlos Septién García. Fue asesora del Consejo Administrativo de Televisión Azteca y posteriormente, Directora de Producción. Creó programas televisivos innovadores, entre los que destacan: *En Medio del Espectáculo*, *Ventaneando*, *Top Ten*, *Hit Popular*, *El Ojo del Huracán*, *Con un Nudo en la Garganta*, *La Historia Detrás del Mito*, *Historias Engarzadas* y *Va que Va*. En la actualidad continúa su labor como conductora titular de *Ventaneando* y es Directora de Espectáculos de Televisión Azteca.

Ricardo Coler

Nació en Buenos Aires en 1956. Es médico, fotógrafo y periodista. Sus notas, fotografías y ensayos sobre sus experiencias con sociedades matriarcales, poliándricas y poligámicas se han publicado en diversos medios argentinos e internacionales.

Es fundador y director de la revista cultural *La mujer de mi vida*. Publicó *El reino de las mujeres* (2005), con gran éxito de ventas. Publica artículos en *Newsweek*, *Alma*, *Gatopardo*, *Clarín*, *Nación* y *Noticias*.

Hebe Di Filippo

Es Directora del Ned Herrmann Group de México. Es Contador Público Nacional y doctora en Administración de Empresas por la Facultad de Ciencias Económicas de la Universidad de Buenos Aires. Consultora pionera en el uso del Análisis Transaccional en las empresas en Latinoamérica. En Estados Unidos se especializó en el manejo de nuevas herramientas para el Desarrollo Organizacional.

Se asoció con el Ned Herrmann Group, empresa líder en Innovación y Creatividad, creadores del modelo Herrmann de Dominancia Cerebral. Otorga consultoría individual para el desarrollo a ejecutivos de alto nivel de diversas organizaciones. Utiliza sistemas de enseñanza y aprendizaje dinámicos. Es autora de trabajos de investigación, difundidos a través de distintos medios.

Fátima Fernández Christlieb

Licenciada en Ciencias de la Comunicación con maestría y doctorado en Sociología. Es académica titular en la Facultad de Ciencias Políticas y Sociales de la UNAM, institución donde ha trabajado durante 30 años. Ha sido presidenta y fundadora de la Asociación Mexicana de Investigadores de la Comunicación. Fue coordinadora del Centro de Estudios de la Comunicación (UNAM) y del Comité de Investigación del CONEICC. Directora General de TV UNAM, así como de Normatividad de Comunicación en la Secretaría de Gobernación.

Es autora de *Los medios de difusión masiva en México*, *Avatares del teléfono en México*, *La radio mexicana, centro y regiones*. *La responsabilidad de los medios de comunicación*, así como varios otros libros en coautoría.

Talina Fernández

"La Dama del Buen Decir" nació en la Ciudad de México. Estudió en Estados Unidos y regresó a México para graduarse en enfermería en el Instituto Nacional de Cardiología.

Desde 1983 se ha desenvuelto en forma notable como actriz de teatro y televisión. Es también reportera, periodista y productora de programas televisivos y radiofónicos. Ha incursionado en diversos géneros, estilos y temas, como los premios Óscar, certámenes de belleza y deportes.

Ángeles Mastretta

Nació en Puebla, Puebla, en 1949. Se licenció en periodismo en la Facultad de Ciencias Políticas y Sociales de la UNAM. En 1985 publicó su primera novela, *Arráncame la vida*, que obtuvo el Premio Mazatlán en México y se convirtió en un verdadero fenómeno de crítica y ventas, tanto en el mundo de habla hispana como en sucesivas traducciones a once idiomas. *Mujeres de ojos grandes*, su primer libro de cuentos, publicado en 1990, tuvo una acogida similar y ya ha sido traducido a cinco idiomas. En 1994 apareció *Puerto libre*, su segunda colección de relatos, y en 1995 la premiada novela *Mal de amores*, entre otras obras.

Walter Riso

Nació en Nápoles, Italia, en 1951. Desde hace más de veinte años trabaja como psicólogo clínico, práctica que alterna con el ejercicio de la cátedra universitaria y la realización de investigaciones y publicaciones en diversos medios. Es profesor de terapia cognitiva y coordinador general del Centro de Estudios Avanzados en Psicología Clínica en Medellín. Ha ejercido como docente en diversas universidades colombianas. Fundó el centro de investigación y terapia del comportamiento FORMAR, del cual fue coordinador.

En la actualidad escribe en la revista *Nueva*, publicación que circula con varios periódicos regionales colombianos.

Después de haber escrito varios libros sobre temas técnicos, decidió ahondar en el tema de que por lo común las personas tienen que ver con el sufrimiento que causan sus relaciones interpersonales, tanto en el ámbito sentimental como profesional.

A partir de entonces sus libros han cumplido ese propósito y el éxito del autor es arrollador.

Cristina Saralegui

Periodista con más de treinta años de experiencia, reconocida como uno de los más populares e influyentes ejemplos para las mujeres hispanas de hoy. Cristina es determinada, exitosa y comprometida con motivar a la gente.

En 2005 fue elegida como uno de los "25 Hispanos más influyentes en Estados Unidos" por *Time Magazine*, y fue la primera latina en ser elegida en la prestigiosa lista de leyendas de la televisión estadounidense, The Broadcasting & Cable Hall of Fame (Salón de la Fama), donde tomará su lugar junto a titanes de la industria televisiva como Walter Cronkite, Barbara Walters y Johnny Carson.

Su papel principal en los medios de información y en su vida es motivar a las mujeres y ser propositiva, llevar una vida saludable, afable y llena de autoestima.

Alexis Schreck

Psicoanalista con doctorado en investigación en psicoanálisis. Desde hace quince años ejerce profesionalmente esta materia con adolescentes y adultos. Es miembro activo de la Asociación Psicoanalítica Mexicana, donde imparte clases en el nivel doctoral.

Alberto Soto Cortés

Historiador, presidente de la Sociedad de Investigación Histórica Haciendo Historia (haciendohistoria@aol.com).

Es editor independiente de obras de historia y arte de México y del mundo. Funge como asesor técnico de difusión histórica y de conservación y restauración del patrimonio.

Asimismo, es autor de publicaciones especializadas para instituciones y articulista académico.

Paul Walder

Paul Walder, periodista chileno, licenciado en la Universidad Autónoma de Barcelona, candidato al doctorado en Ciencias de la Comunicación. Especializado en temas económicos. Escribe en *El Periodista*, *Plan-B* y *Punto Final*. Su artículo "El poder ¿es siempre masculino? Michelle: ¿Una madre para Chile?" se incluye en este libro.

Bibliografía

Alejandro Carrillo Castro

Carrillo Castro, Alejandro, *Las empresas públicas en México*, INAP, México, 1976.

_____, *La reforma administrativa en México*, cuatro tomos, Editorial Miguel Ángel Porrúa, México, 1980.

_____, *Administración pública. Marco internacional (1967-1987)*, INAP y Naciones Unidas, Editorial Miguel Ángel Porrúa, México, 1988.

_____, *El dragón y el unicornio*, segunda edición, Ediciones Cal y Arena, México, 1999. Tercera edición, Ediciones Carrillo, México, 2006.

Ricardo Coler

Coler, Ricardo, *Ser una Diosa. Una mujer divina en la Tierra*, Editorial Planeta, 2006.

_____, *El reino de las mujeres. El último matriarcado*, Editorial Planeta, 2005.

Fernanda Familiar

Los siguientes libros me inspiraron para escribir *Mamás de teta grande*.

Amara, Giuseppe, *La invención del amante*, Editorial Aguilar.

Caruso, Igor, *La separación de los amantes,* Editorial Siglo XXI.

Coler, Ricardo, *El reino de las mujeres. El último matriarcado, op. cit.*

Egozcue Romero, María Magdalena, *Primeros auxilios psicológicos*, Editorial Paidós.

Fisher, Helen, *Por qué amamos*, Editorial Taurus.

Frankl, Viktor E., *El hombre en busca del sentido*, Editorial Herder.

Goleman, Daniel, *Emociones destructivas*, Editorial Vergara.

Pinkola Estés, Clarissa, *Mujeres que corren con los lobos*, Editorial Sine qua non.

Quino, *Todo Mafalda*, Ediciones de la Flor.

Rimpoché, Sogyal, *El libro tibetano de la vida y la muerte*, Ediciones Urano.

Roudinesco, Elisabeth, *La familia en desorden*, Fondo de Cultura Económica.

Serrano, Marcela, *El albergue de las mujeres tristes*, Editorial Planeta.

Ned Herrmann Group

Folino, Juan Carlos, *La decisión*, Temas Grupo Editorial, 2002.

Hermann, Ned, *El cerebro creativo, Primera parte, Estilos de pensamiento*, Ned Hermann Group de México.

www.hbdilatin.com

Walter Riso

Riso, Walter, *Amar o depender. Cómo superar el apego afectivo*, Grupo Editorial Norma.

_____, *Ama y no sufras*, Grupo Editorial Norma.

_____, *Pensar bien, sentirse bien*, Grupo Editorial Norma.

_____, *Los límites del amor. Hasta dónde amarte sin renunciar a lo que soy*, Grupo Editorial Norma.

Alberto Soto Cortés

Andreo, Juan y Sara Beatriz Guardia (comps.), *Historia de las mujeres en América Latina*, CEMHAL, Departamento de Historia Moderna, Contemporánea y de América de la Universidad de Murcia, Fundación Séneca, Comunidad Autónoma de la Región de Murcia, Murcia, 2002.

Duby, Georges y Michelle Perrot, *Historia de las mujeres*, cinco tomos, Taurus, Madrid, 2000.

Frost, Elsa Cecilia y Anne Staples, "La mujer en la historia de México", en *Historia mexicana*, vol. XXXVII, núm. 4, México, El Colegio de México, pp. 669-675.

http://www.inmujer.df.gob.mx/muj_destacadas. Página del Instituto de las Mujeres del Distrito Federal (vínculo con biografías de mujeres ilustres).